Mario Russotto

La donna samaritana e la Vita Consacrata

Mario Russotto

La donna samaritana e la Vita Consacrata

Meditazioni bibliche

Edizioni Sant'Antonio

Imprint
Any brand names and product names mentioned in this book are subject to trademark, brand or patent protection and are trademarks or registered trademarks of their respective holders. The use of brand names, product names, common names, trade names, product descriptions etc. even without a particular marking in this work is in no way to be construed to mean that such names may be regarded as unrestricted in respect of trademark and brand protection legislation and could thus be used by anyone.

Cover image: www.ingimage.com

Publisher:
Edizioni Accademiche Italiane
is a trademark of
International Book Market Service Ltd., member of OmniScriptum Publishing Group
17 Meldrum Street, Beau Bassin 71504, Mauritius

Printed at: see last page
ISBN: 978-613-8-39143-2

Mario Russotto

LA DONNA SAMARITANA
E LA VITA CONSACRATA

Meditazioni bibliche

I.
IL POZZO E LA NUZIALITÀ

«Giunse pertanto ad una città della Samaria chiamata Sicàr, vicina al terreno che Giacobbe aveva dato a Giuseppe suo figlio: qui c'era il pozzo di Giacobbe. Gesù dunque, stanco del viaggio, sedeva presso il pozzo. Era verso mezzogiorno. Arrivò intanto una donna di Samaria ad attingere acqua...» (Gv 4,5ss.).

1. Il testo nel contesto

Il racconto in dialogo di Gesù con la donna di Samaria è inserito dall'evangelista Giovanni nel quadro di un'ampia sezione che comprende i capitoli 2-4, i quali da un punto di vista geografico si aprono e si concludono a *Cana di Galilea*: «Tre giorni dopo, ci fu uno sposalizio a Cana di Galilea e c'era la madre di Gesù. Fu invitato alle nozze anche Gesù con i suoi discepoli» (Gv 2,1-2); «Andò dunque di nuovo a Cana di Galilea, dove aveva cambiato l'acqua in vino» (Gv 4,46).

Il nostro racconto è dunque da leggere dentro un'*ottica sponsale*, ma anche nel *segno della fede* come ricerca incontro dialogo… fra parola e ascolto. I capitoli 2-4 del quarto vangelo, infatti, sono caratterizzati dalla prima rivelazione di Gesù attraverso "segni" e "dialoghi" e dalla risposta di fede di alcune persone tipiche: i suoi *discepoli* che a Cana «credettero in Lui» (Gv 2,11); *Nicodemo,* rappresentante del giudaismo, che a Gerusalemme va ad incontrare Gesù nel cuore della notte (Gv 3); *la donna di Samaria* e il suo popolo al pozzo di Sicàr (Gv 4,4-42); ancora a Cana un *funzionario del re,* rappresentante della fede dei pagani, «credette lui e la sua famiglia al completo» (Gv 4,46-54).

2. L'acqua e la nuzialità

Un uomo e una donna presso un pozzo… L'evangelista utilizza una saga popolare, un racconto simbolico nuziale, tipico del tempo dei patriarchi. Il quadro del racconto, infatti, è simile a quelli dell'Antico Testamento: durante un viaggio un uomo giunge in terra straniera e siede vicino a un pozzo; sopraggiunge una donna e l'uomo le chiede o le dà dell'acqua; dopo una breve conversazione la donna corre dai suoi a raccontare di aver incontrato qualcuno vicino al pozzo; l'uomo viene così invitato a condividere un pasto e la storia finisce con il matrimonio.

È al pozzo che il servo di Abramo, inviato dal patriarca nella sua terra d'origine per scegliere una moglie al figlio Isacco, incontra la splendida Rebecca (Gen 24,10-51) ed è sempre al pozzo che Giacobbe incontra il suo grande amore, la bella Rachele (Gen 29,9-14). Anche Mosè incontra Zippora, la sua futura sposa, al pozzo (Es 2,15-22).

Ogni storia presenta naturalmente le sue varianti, e nel nostro caso la variazione dello schema si trova alla fine: manca il matrimonio! Come interpretare questo finale a sorpresa? Sul piano storico la risposta è scontata: Gesù non ha sposato questa donna né alcun'altra. Ma sul piano simbolico-teologico? Giocando sullo schema narrativo degli incontri ambientati al pozzo, l'evangelista ci riserva delle sorprese.

La variante non sta solo alla fine con il mancato matrimonio, ma già all'inizio. La donna che va al pozzo, infatti, non è una vergine pronta per le nozze che incontra il futuro marito, come nel caso di

Rebecca o Rachele o Zippora. Il problema della donna di Samaria non è trovare un marito: ne ha già avuti cinque e ora convive con un altro uomo.

Il suo problema è capire chi è per lei il vero sposo. La donna, infatti, rappresenta per l'evangelista l'intero popolo dei samaritani, considerati eretici e infedeli dai giudei perché avevano abbandonato il Dio d'Israele, il "vero e unico sposo". E alla fine del racconto non solo lei ma tutta la sua gente troverà lo "Sposo" in Gesù, Figlio del Padre, unico vero Dio.

Sant'Agostino vede in questa donna una figura della Chiesa: «Riconosciamoci in lei, e in lei ringraziamo Dio per noi... Era semplicemente venuta ad attingere acqua... Colui però che domandava da bere, aveva sete della fede della samaritana... Domanda da bere e promette di dissetare. È bisognoso come uno che aspetta di ricevere, e abbonda come chi è in grado di saziare... Infatti come potranno aver sete coloro che "si saziano dell'abbondanza della tua casa"? (Sal 35,9)».

Secondo una antica tradizione, che troviamo anche in alcuni vangeli apocrifi, la Vergine giovane *Maria di Nazareth* ha ricevuto *due annunciazioni*: la prima presso la fontana di Nazareth, che è l'unica sorgente d'acqua della zona, e la seconda in casa sua. In entrambi i casi si tratta di una proposta nuziale che Dio rivolge a Maria, accanto al "segno" dell'acqua, simbolo di fecondità e "segno" dello Spirito.

Quando infatti la Parola di Dio entra nella storia, si accompagna sempre allo Spirito come nella creazione (cfr. Gen 1,2). Siamo qui dinanzi ad una nuova creazione, anzi all'*in principio* della Redenzione. E Dio ha bisogno di una Sposa, di un grembo verginale in cui deporre il seme della Parola per darne carne nella storia al Figlio suo... vero Dio e vero Uomo.

Dio non chiede acqua a Maria, ma le fa il dono avvolgente del simbolo dell'acqua, cioè lo Spirito Santo. E attende che Maria accolga il dono... attende (Dio!) il *sì della creatura* perché il Creatore si faccia creatura. Dio ha bisogno di Maria perché sposare in Lei l'umanità. Ecco la *consacrazione...*

3. I personaggi del racconto

Il racconto pone Gesù al centro della scena: è l'unico personaggio presente dall'inizio alla fine. Accanto o di fronte a Lui troviamo una donna di Samaria. Due, dunque, i personaggi principali: *Gesù e la donna*, che occupano quasi l'intero capitolo. Sullo sfondo vediamo due gruppi di personaggi secondari: i *discepoli* e i *samaritani.*

La samaritana è presentata come «*una donna*» senza nome. Anche il samaritano della parabola di Lc 10,30-37 è senza nome e viene definito «colui che ha avuto compassione». La donna di Samaria può e deve diventare un modello da imitare, anzi un *modo d'essere "cristiani"*, cioè gente che vive la fede come ricerca incontro confronto testimonianza.

Nella Bibbia il lasciare senza nome uno dei personaggi della vicenda che si sta narrando è una particolare tecnica letteraria per attirare il lettore dentro il racconto, al punto da dare il suo stesso volto al personaggio anonimo. È come se il narratore dicesse ad ognuno dei suoi lettori: «A questo personaggio potresti dare il tuo nome e il tuo volto. Questa donna di Samaria sei tu... anche tu puoi passare dalla stanchezza all'entusiasmo, dalla solitarietà alla solidarietà, dallo smarrimento al ritrovamento...».

Gesù e la donna di Samaria... È la storia di un incontro tra il Figlio dell'Uomo e una donna, entrambi stanchi (per motivi diversi) e soli. È una relazione in dialogo, fatta di ricerca e rivelazione, di bisogno e donazione, di ferita e guarigione.

È molto bello vedere ancora una volta la *libertà* e l'*umanità* con cui Gesù dialoga con le donne: pensiamo alla peccatrice in casa di Simone il fariseo (Lc 7), all'adultera che stava per essere lapidata (Gv 8), a Marta e Maria (Lc 10), a Maria che a Betania unge di profumo il capo di Gesù (Gv 12)...

E Gesù sa aspettare, incontrare, ascoltare con profonda disponibilità... e poi dialoga con competente affettuosa sincerità, delicata franchezza, pastorale accoglienza... leggendo nel cuore e incidendo parole di verità nella pergamena dell'anima. Senza asimmetriche gerarchie, superando ogni condizionamento storico-ambientale, pregiudizi e stereotipi del tempo... È decisamente un Rabbi e Signore "anticonformista".

Alla fine la relazione da interpersonale diventa "sociale": l'Io-Tu fa fiorire il Noi... e arrivano i discepoli... e si instaura una comunione di fede e di vita con i samaritani della città.

Gesù e la donna di Samaria... Icona di speranza possibile, di un pozzo scavato nella piazza del nostro cuore... anche se a volte «è ingombrato da cocci, rami spezzati, foglie secche da cui sale un odore di morte» (G. Bernanos).

Gesù e la donna di Samaria... Incontro di delicata accoglienza e amorevole comprensione dell'altra nelle sue fragilità. Possibilità dischiusa al perdono dei suoi inganni e dei suoi tradimenti... per darle un nome e tenderle la mano, per vincere insieme disorientamenti e paure, per sperimentare che sempre si può essere accolti, amati e perdonati. Perché se non mi demolisco da me, nessuno mi può demolire: nessuno mi perde se io non mi perdo... e mai Dio mi perde!

Gesù e la donna di Samaria... Dialogo fra la Sapienza e la non-conoscenza che cerca, fra una donna disastrata e peccatrice e Colui che può rimediare a ogni disastro e perdonare ogni peccato; dialogo fra la misera e la Misericordia, fra l'umanità ferita e Dio.

Gesù e la donna di Samaria... Ogni schema pregiudiziale è infranto. Gesù dialoga con lei come fosse una discepola. Per Lui, lei è più importante di ogni pubblica e religiosa convenienza. È il suo cuore che cerca. È la sua vita che vuole sanare con l'acqua della Parola chiara affettuosa accogliente... anche se è *donna... samaritana... convivente.* E Gesù non dà ospitalità alla donna nella sua amicizia solo "dopo" la conversione e il successo della missione di evangelizzazione, ma fin dall'inizio. Anzi, l'accoglienza, l'ascolto paziente e il dialogo sono le condizioni che dispongono la donna a lasciarsi comprendere, conoscere, sanare le ferite del suo cuore. E alla fine dimentica – o lascia di proposito? – la brocca al pozzo. Era venuta per attingere acqua... ma ha trovato di più e di meglio. E da inaridito assolato assetato deserto... si scopre pozzo che se stessa e gli altri può dissetare.

4. Il luogo dell'evento

Tutto il racconto è ambientato in una campagna della Samaria, al pozzo della borgata di Sicàr risalente all'epoca patriarcale. La donna abita proprio in questa borgata sulle pendici del monte Ebal, a 1.500 metri dalla strada che passa in prossimità del pozzo. Ella, dunque, arriva per attingere acqua dopo un bel tratto di strada e, per giunta, nell'ora più calda della giornata. Gesù incontra questa donna presso l'unica sorgente della zona: il pozzo di Giacobbe.

Doveva perciò attraversare la Samaria... Perché l'evangelista dice che Gesù «doveva» percorrere quella strada? L'itinerario ordinario e sicuro dalla Giudea alla Galilea non passa per la Samaria ma costeggia il fiume Giordano oppure la "via maris". Perché allora Gesù «doveva attraversare la

Samaria»? Per Gesù è un "dovere teologico" non geografico, risponde cioè ad una precisa volontà salvifica. Egli va in Samaria, si ferma al pozzo di Sicàr, manda tutti i suoi discepoli in città a fare spese per restare solo... e aspetta di incontrare una donna sola. *La carità ha le sue folli strane faticose strade obbligate*! Perché «il buon pastore offre la vita per le pecore» (Gv 10,11). E «chi di voi se ha cento pecore e ne perde una, non lascia le novantanove nel deserto e va dietro a quella perduta, finché non la ritrova?» (Lc 15,4-7).

Doveva perciò attraversare la Samaria... È la geografia pastorale di Gesù... Giudea, Galilea, Samaria... ovunque c'è un cuore da sanare, una vita da salvare... e Gesù percorre questi *paesi dell'anima* spingendosi fino all'abisso degli inferi, fino alla Samaria regione del diavolo secondo i giudei. Essi, infatti, consideravano i samaritani eretici, senza Dio, posseduti dal demonio. Gesù, invece, ha una predilezione per questi "eretici" lontani e non devoti. Nel suo cuore sono già salvati... perché legge il loro cuore e vi coglie l'autenticità e l'onesta sincerità che casa non trovano in molti giudei "osservanti".

Per la riflessione personale e comunitaria

1. Facendo memoria della mia vocazione... delle "annunciazioni" che Dio mi ha fatto conoscere... *dove quando come* ho incontrato il Signore? Che cosa è davvero cambiato nella mia vita?

2. Vivo la mia consacrazione religiosa come un *nuziale abbraccio con il Signore*? Che cosa sperimento nel cuore? Che cosa avverto che mi manca ancora per maturare la dimensione sponsale nella mia vita consacrata?

3. Ho il coraggio di *accogliere ascoltare amare l'altro/a per quello che è* e non per quello che mi può dare, soprattutto nella mia comunità?

II.
NEL TEMPO… LA STANCHEZZA REDENTA

«Gesù dunque, stanco del viaggio, sedeva presso il pozzo. Era verso mezzogiorno. Arrivò intanto una donna di Samaria ad attingere acqua...» (Gv 4,5-7).

Nella meditazione precedente ci siamo soffermati sulla simbolica nuziale del pozzo. Ora vorrei orientare la nostra riflessione su due aspetti che ci vengono suggeriti dal testo giovanneo: l'indicazione dell'*ora* – era verso mezzogiorno – e la sottolineatura della *stanchezza* di Gesù. Pertanto, due sono i temi di questa meditazione: il significato del tempo per noi credenti e il senso della stanchezza per noi che viviamo la totale consacrazione a Dio della nostra vita.

1. Significazioni del tempo

1.1. Il vocabolario del tempo

Il tempo descrive il corso della storia, il suo cammino e i suoi contenuti. Il tempo ritma il divenire dell'uomo, scandisce il susseguirsi delle stagioni ed è carico di avvenimenti nei quali siamo chiamati a vivere, che noi stessi costruiamo perché *siamo noi l'avvenimento.* Il tempo con il suo inesorabile e in apparenza invisibile silente fluire nel cosmo e nella storia inquieta e interroga fino alle domande ultime, senza esonero per nessuno. Perché il tempo - scriveva S. Agostino - è una *dimensione dell'anima,* il modo d'essere dell'individuo. Il tempo, dunque, non ci scivola addosso, ma scorre dentro di noi, passa in noi e con noi. Per indicare le diverse *dimensioni del tempo* la lingua greca ricorre a tre vocaboli: *chrònos*, *kairòs*, *aiòn.*

- Il primo termine è *chrònos.* Esso esprime il tempo nella sua estensione lineare e quantitativa. Indica il durare della vita dell'uomo, lo svolgersi degli avvenimenti con un passato, un presente e un futuro. E' il *tempo degli uomini.*

- Il secondo termine è *kairòs.* Si tratta del *tempo propizio,* del tempo favorevole. E' il *momento decisivo, l'occasione* che l'uomo è chiamato a cogliere per giungere alla pienezza di sé. E' *l'ora di Dio,* l'ora in cui Egli esce dal suo Mistero per svelare il suo volto e la sua azione salvifica nella storia umana. E' l'ora di Gesù, il momento nel quale il combattimento fra la morte e la vita arriva all'appuntamento decisivo. E' l'ora della grazia, il *tempo di Dio nel tempo degli uomini*… «era verso mezzogiorno. Arrivò intanto una donna di Samaria…».

- Il terzo termine è *aiòn* e indica il tempo come *esperienza perdurante.* È il "per sempre", è il tempo senza tempo di Dio. Dio dunque ha tempo, ha infinitamente tempo, non viene sopraffatto dal tempo o trascinato via come noi, ma ha tempo senza limiti e per questo è sempre disponibile ad *essere presente* nella nostra preghiera... *Presente* nel duplice senso della parola: *dono* e *presenza*, ovvero regalo del suo esserci.

1.2. La litania del tempo

Nella Bibbia c'è un libro amaro e profondo, che parla del senso della vita: è Qohelet, in esso troviamo una stupenda meditazione lirica sul *tempo,* una specie di litania dei *tempi* estremi dell'esistere umano.

«Per ogni cosa c'è il suo momento, il suo tempo per ogni faccenda sotto il cielo.

C'è un tempo per nascere e un tempo per morire,
un tempo per piantare e un tempo per sradicare le piante.
Un tempo per uccidere e un tempo per guarire,
un tempo per demolire e un tempo per costruire.
Un tempo per piangere e un tempo per ridere,
un tempo per gemere e un tempo per ballare.
Un tempo per gettare sassi e un tempo per raccoglierli,
un tempo per abbracciare e un tempo per astenersi dagli abbracci.
Un tempo per cercare e un tempo per perdere,
un tempo per serbare e un tempo per buttar via.
Un tempo per stracciare e un tempo per cucire,
un tempo per tacere e un tempo per parlare.
Un tempo per amare e un tempo per odiare,
un tempo per la guerra e un tempo per la pace» (Qo 3,1-8).

Il testo di Qohelet 3,1-8 può essere definito una *autobiografia dell'uomo nei ritmi del tempo*; un'autobiografia dell'uomo che si chiede: «Che valore ha tutto ciò che si fa con fatica?» (Qo 3,9). La schiavitù e l'impotenza dell'uomo di fronte al tempo sono dipinte da Qohelet con feroce rassegnazione. Il flusso dei giorni è inalterabile: «non vi si può aggiungere o togliere nulla» (Qo 3,14). Qohelet descrive il grande cammino della vita di ogni uomo dicendo che la storia è un cerchio chiuso: noi siamo dentro, prigionieri, naufraghi in quest'isola del nostro limite. Alla fine della processione dei tempi l'uomo emette il suo verdetto: «Che valore *(jitrôn=senso)* ha tutto ciò?» (Qo 3,9).

1.3. Umanizzare il tempo

Qohelet è un sapiente pessimista che elabora una triste e amara riflessione sull'incalzante ritmo del tempo. È interessante però cercare di cogliere le tensioni dell'uomo dei nostri giorni nei confronti del tempo, perché noi possiamo sempre più imparare a *vivere il tempo* dando vitalità al tempo.

Si tratta, cioè, di prendere coscienza innanzitutto di alcune patologie emergenti. Vivere nei ritmi del tempo oggi costa fatica. La "velocizzazione" del tempo, provocata dalla globalizzazione e dall'era di internet, ci sollecita a ritmi frenetici di apprendimento e di lavoro, dove spesso prevale la smania dell'efficienza. Non c'è tempo per l'assimilazione delle informazioni che ci giungono; non c'è tempo per capire, per interiorizzare, per pregare, per scegliere ponderatamente. Siamo presi dalla fatica di dover sempre armonizzare tempi diversi tra loro attorno ad un Senso orientatore e unificante. E se ciò non avviene, nascono le *patologie:* la depressione (il passato invade il futuro), lo stress (la rincorsa affannosa verso il futuro), la noia (lo svuotamento di significato del presente ipertrofico, eccedente).

Tali patologie evidenziano un'esigenza vera e reale: il bisogno di *umanizzare il tempo.* È necessario, però, un *orizzonte di Senso* in cui ricomprendere i ritmi e le dimensioni del tempo in modo sapienziale, armonico e maturo. Un apporto notevole a tale ricomprensione ci viene proprio dall'esperienza cristiana.

1.4. Tempo redento

Dire "tempo dell'uomo" significa dire storia dell'uomo, nella quale si manifesta l'azione salvifica di Dio, perché… Dio ha tempo per l'uomo! E in Cristo Gesù il "tempo di Dio" si è inserito nel "tempo dell'uomo" e lo ha "riempito" della sua presenza per fare del tempo dell'uomo un tempo di salvezza.

Ecco perché il Nuovo Testamento attesta che Cristo Gesù è il centro del tempo, il centro della storia: in Lui il tempo è portato a pienezza, in Lui tutto è ricapitolato.

La vita cristiana, che confessa Cristo principio e fine del tempo, si muove attraverso due coordinate teologico-spirituali fondamentali: l'*esodo* e l'*avvento*. *L'esodo* indica il cammino dell'uomo come pellegrino nella storia in permanente ricerca e attesa di Dio. Nel cammino esodale l'uomo si autotrascende per trovare il Senso ultimo della vita, per ascoltare il Mistero veniente di Dio e accoglierlo come dono in una risposta libera e responsabile. Tale accoglienza avviene nella *fede operosa,* che dice fiducia, rischio, lotta, discernimento.

L'avvento indica la venuta di Dio in Cristo Gesù nei tempi e nei giorni dell'uomo, per compiere la nuova creazione. Ma è una venuta *inedita* che ci sorprende e ci viene incontro nella più totale alterità e *gratuità;* una venuta non prevedibile, non programmabile, non soggetta ai nostri schemi. L'Avvento di Dio in Cristo Gesù è unicamente motivato dal Suo *amore* libero e incondizionato per l'uomo. Se il Mistero dell'Avvento di Dio in Cristo Gesù incrocia il cammino esodale dell'uomo, allora la vita cristiana in quanto tale è *esistenza escatologica,* ovvero esistenza verso il Senso "ultimo" (= *eschaton*) della storia e illuminata e forgiata, qui ed ora, dal Senso "ultimo". E così l'avvento di Gesù in quell'ora sesta al pozzo di Sicàr intercetta l'esodo della donna di Samaria, che viene alla fine riorientata e risignificata dall'orizzonte di senso offertole da Gesù.

Se è vero che il cristiano è in esodo, in cammino verso Dio, e dunque verso il Senso ultimo della storia, è anche vero che tale esodo si realizza in quanto è Dio che ci viene incontro nella sua alterità, attraverso le vie *inedite* della storia. Quindi, *l'escatologia è strutturale alla vita cristiana in quanto tale;* non riguarda soltanto ciò che avverrà dopo la morte, nell'al di là, ma anche ciò che deve avvenire nell'al di qua, in tutto l'arco dell'esistenza prima della morte; e riguarda ciascuno di noi, consacrato per essere *indice di Dio* agli uomini verso il Senso ultimo, cioè verso la Trinità.

Prendere coscienza che la vita cristiana, e in specie la vita religiosa, è esistenza escatologica, significa che il tempo dell'uomo considerato nei suoi ritmi di passato, presente, futuro, trova il significato più profondo nel Futuro Inedito di Dio, che in Cristo Gesù viene per compiere la promessa di «cieli nuovi e terra nuova» (Ap 21,1), affinché «Dio sia tutto in tutti» (1Cor 15,28).

Per questo il cristiano, sempre e dovunque, è chiamato a vigilare e a discernere i segni inediti e inaspettati del Futuro di Dio, per accoglierlo e viverlo come un dono. «Non ricordate più le cose passate, non pensate più alle cose antiche! Ecco, faccio una cosa nuova: proprio ora germoglia, non ve ne accorgete?» (Is 43,18-19).

Discernere e accogliere il Futuro di Dio significa tuttavia *vivere il presente*, perché è in esso che si realizzano le scelte della vita. Quando il Futuro di Dio ci raggiunge per vie inedite e liberamente noi lo accogliamo, allora in quel momento il presente diviene *kairos,* cioè il "tempo favorevole", l'"oggi" che Dio ci dona per realizzare le nostre scelte nella sua volontà: «Oggi, se udite la sua voce, non indurite i vostri cuori» (Eb 4,7).

«La vita, ogni vita – ha scritto F. Rosenzweig – deve essere divenuta totalmente temporale, interamente vivente, prima di poter divenire vita eterna. All'esatta temporalità della pura vita, che è sempre esattamente nel punto giusto del tempo e giunge sempre al momento opportuno, non troppo presto e non troppo tardi, deve aggiungersi una forza di accelerazione. L'eternità cioè dev'essere accelerata, deve sempre poter venire già "oggi"; solo così essa è eternità».

1.5. Gesù e la donna… l'ora sesta

Era verso l'ora sesta: l'ora più bruciata dal sole… eppure si rivela un'ora di Grazia… per Colui che attende e per colei che arriva. Un'ora di dissetante reciproco refrigerio… senza acqua… o con un'acqua "altra". Per Gesù che, chiedendo da bere ad una donna, ottiene in cambio il cuore di lei e l'ospitalità di un'intera città. Per la donna di Samaria venuta ad attingere acqua, che si scopre "sorgente"… e non ha più bisogno dell'antica sua brocca.

Era verso l'ora sesta: l'ora del *kairòs*, il *momento decisivo, l'occasione* che la donna è chiamata a cogliere nell'esodo da sé per giungere alla pienezza di sé... È l'*ora di Dio*, l'ora dell'avvento di Dio in cui Egli esce dal suo Mistero per svelare il suo volto nella storia di questa donna…

In questa "ora sesta" Gesù si svela come Messia ad una donna di Samaria; qualche tempo dopo, all'ora sesta di un venerdi, Gesù si svelerà all'umanità come Re… inchiodato al legno di una croce…

2. Dio è stanco

> «Gesù dunque, stanco del viaggio, sedeva presso il pozzo. Era verso mezzogiorno.
> Arrivò intanto una donna di Samaria ad attingere acqua» (Gv 4,5-7).

Tutta la vita del Signore è un grande viaggio… dal cielo alla terra, da Nazareth a Gerusalemme e da Gerusalemme al cielo di Dio… Se la vita è un viaggio, bisogna mettere anche la compagnia della stanchezza nello zaino del nostro cammino. Stanchezza di lottare donare vivere… Stanchezza di cercare sperare amare… Stanchezza di ricominciare perdonare ascoltare… soprattutto quando non trovi una spalla sulla quale poggiare il capo o un cuore che ti sappia ascoltare e ospitare…

2.1. La stanchezza di Giobbe

«C'era nella terra di Uz un uomo chiamato Giobbe: uomo integro e retto, temeva Dio ed era alieno dal male... Dopo, Giobbe aprì la bocca e maledisse il suo giorno; prese a dire: Non ho tranquillità, non ho requie, non ho riposo e viene il tormento!» (Gb 1,1; 3,1-26).

Anche Giobbe appare un uomo stanco e smarrito in una esistenza nella quale la fede non fa luce. Giobbe è stanco, anche se mai appare rassegnato; è stanco perché dopo una vita vissuta nel servizio a Dio e ai poveri vede crollare tutto… e Dio tace. E Giobbe se ne sta per 7 giorni e 7 notti in *silenzio.* E' la sua prima risposta al silenzio di Dio. È il silenzio dell'uomo stanco di fronte ad un assurdo che non trova spiegazione. E nella sua stanchezza Giobbe sperimenta la *notte dell'anima*, perché anche Dio sperimenta come l'assente.

In questa totale solitudine Giobbe non trova il muretto di un pozzo sul quale riposare e allora, spietatamente, si interroga sul senso della vita. *Ecco la vita:* un vomito che si è costretti a rimangiare. *Ecco gli amici:* torrenti che non dissetano. *Ecco Dio:* una freccia amarissima.

Giobbe vive un'esperienza di cui non vede il senso. Perciò afferma: « Non ho tranquillità, non ho requie, non ho riposo e viene il tormento» (Gb 3,26). La sua condizione è propria di chi è *demotivato,* di chi non trova più le ragioni per resistere nella lotta: «I miei giorni passano più veloci d'un corriere, fuggono senza godere alcun bene, volano come barche di giunchi, come aquila che piomba sulla preda» (Gb 9,25-26).

Perso ora ogni motivo per lottare, Giobbe sembra passare dalla *resistenza alla resa* e rivolge al *Dio lontano* una preghiera blasfema: «Stanco io sono della mia vita!... Lasciami, sì ch'io possa respirare un poco prima che me ne vada, senza ritornare, verso la terra delle tenebre e dell'ombra di morte…» (Gb 10,1.20-22).

A volte noi possiamo trovarci in una situazione di stanchezza e oscurità, nella quale sperimentiamo la notte dell'anima… perché il Dio su cui vorremmo fare affidamento, il Signore al quale vorremmo restare legati si ritrae, nasconde il suo volto, si fa muto e si avvolge di tenebra. Circa un terzo del Salterio contiene lamenti nei confronti di un Dio nascosto, apparentemente assente, un Dio inerte e muto, e molte volte nelle Scritture sono abbozzate queste situazioni di oscurità. Sono diverse situazioni di *notte* nella Bibbia.

Sta scritto, infatti, che dopo la manifestazione di Dio nel roveto ardente: «Il Signore venne incontro a Mosè e cercò di farlo morire» (Es 4,24). Sta scritto anche che l'uomo povero, misero, sofferente, pensa a Dio, medita su di Lui di giorno e di notte, piange nel suo letto e pensa ancora a Dio: ma *Dio dov'è*? «Perché, Signore, stai lontano, nel tempo dell'angoscia ti nascondi?» (Sal 10, 22). «Fino a quando, Signore, continuerai a dimenticarmi? Fino a quando mi nasconderai il tuo volto?» (Sal 13,2). A volte il silenzio di Dio si prolunga, si fa insopportabile, non ci sono più segni della sua Presenza, del suo agire. Ogni segno di Dio è scomparso e «nessuno sa fino a quando...» (Sal 74,9).

2.2. La stanchezza di Gesù

Gesù dunque, stanco del viaggio, sedeva… Non si tratta solo di stanchezza fisica, ma anche morale. Gesù aveva da poco incominciato la sua vita pubblica e già le prime incomprensioni, le prime ostilità, i primi fallimenti affliggevano il suo cuore: «È venuto fra la sua gente, ma i suoi non l'hanno accolto... La luce è venuta nel mondo, ma gli uomini hanno preferito le tenebre alla luce» (Gv 1,11; 3,13). Sì, anche Dio è stanco… e questo non ci deve scoraggiare né deludere, anzi è per noi balsamo di consolazione, compagnia di speranza…

Gesù dunque, stanco del viaggio, sedeva… «Ci troviamo di fronte a un Gesù forte e di fronte a un Gesù debole. La forza di Cristo ci ha creati, la sua debolezza ci ha ricreati. Ci ha creati con la sua forza, è venuto a cercarci con la sua debolezza… È per te che Gesù si è stancato nel viaggio. Vediamo Gesù pieno di forza, e lo vediamo debole; è forte e debole: forte perché *in principio era il Verbo, e il Verbo era presso Dio, e il Verbo era Dio; questo era in principio presso Dio.* Vuoi vedere com'è forte il Figlio di Dio? *Tutto fu fatto per mezzo di lui, e niente fu fatto senza di lui;* e tutto senza fatica. Chi, dunque, è più forte di lui che ha fatto tutte le cose senza fatica? Vuoi vedere ora la sua debolezza? *Il Verbo si è fatto carne e abitò fra noi* (Gv 1,14). La forza di Cristo ti ha creato, la debolezza di Cristo ti ha ricreato. La forza di Cristo ha chiamato all'esistenza ciò che non era, la debolezza di Cristo ha impedito che si perdesse ciò che esisteva. Con la sua forza ci ha creati, con la sua debolezza è venuto a cercarci… Gesù è debole nella carne, ma tu non devi essere debole; dalla debolezza di lui devi attingere la forza, perché *la debolezza di Dio è più forte degli uomini* (1Cor 1,25)» (Sant'Agostino).

Gesù dunque, stanco del viaggio, sedeva… Dall'eternità Dio ci aspettava in un *avvento carico d'amore,* finché ha deciso di farsi Pellegrino e nel Verbo fatto carne ci viene incontro in un *esodo di umiltà,* con la debolezza potente dell'Amore che si fa abbraccio, accoglienza, ospitalità. E noi, fragile umana carne bagnata dal fiume dell'orgoglio e dell'autosufficienza, trattiamo questo divino Pellegrino da straniero. Troppo spesso non c'è posto per Lui nella casa del nostro cuore. E Dio bussa, paziente e amante di ciascuno di noi che gli è costato la vita.

E se noi, pur nella nostra stanchezza e nella notte dell'anima, gli apriamo la porta… sperimenteremo la luminosità di un inedito incontro in quell'ora sesta. La mia, la tua ora sesta… fatta Sua sul legno della Croce. Lì Gesù ci dà appuntamento, da lì all'ora sesta tutti attira a Sé. Dio ha il mio cuore e si guadagna tante stanchezze e ben più grandi delle mie, come più grande è il suo cuore, più grande il suo amore. Egli cerca come io cerco, ma compiutamente Egli cerca: per una realtà più vera, per una gioia più piena, per un bene che resta… Che bello pensare e vedere un Dio stanco e assetato, un Dio che comprende e assume e redime la mia stanchezza e la mia sete…

Sì, la Grazia ha movimenti lontani e, dove vediamo solo stanchezza, la *novità di vita* si è già infiltrata ed è in cammino verso Dio. Perché il mio presente da *chrònos* si trasfigura in *kairòs*, l'ora sesta della mia stanchezza in ora di Grazia per la mia salvezza… Perché anch'io, come Giobbe, possa dire nella mia preghiera redenta: «Prima ti conoscevo per sentito dire, ma ora i miei occhi ti vedono» (Gb 42,5).

Per la riflessione personale e comunitaria

1. Come vivo il tempo? Mi sento "vittima del tempo" lasciandomi trascinare dai suoi ritmi e dagli orari della Comunità oppure vivo da "protagonista"… il tempo di Dio nel mio tempo?

2. Come reagisco quando attraverso giorni, forse mesi, di aridità spirituale e di "notte dell'anima"? Mi chiudo in me stessa? Smetto di pregare? Divento apatica… irascibile… nervosa…? Vivo rassegnata come Qohelet o reagisco con la forza della fede come Giubbe?

3. Facendo memoria della mia vita fino ad oggi, ho fatto – una volta o più volte – esperienza dell'ora sesta, l'ora della Grazia, cioè di una stanchezza redenta dall'incontro con Gesù? Come ho vissuto quell'ora sesta e come poter vivere oggi il mio "esodo" intercettato dall'avvento di Dio?

III.
LA DONNA INCONTRA IL VANGELO

Nella meditazione precedente la nostra riflessione si è incentrata sul senso della stanchezza e sulla fatica di affrontare le situazioni di non-senso della vita. In questa terza meditazione desidero riflettere, alla luce dell'incontro di Gesù con la donna di Samaria, sulle donne che incontrano il Vangelo. Ma siccome il campo di indagine sarebbe troppo vasto, mi limiterò a tratteggiare due icone di donne che, nel quarto vangelo, incontrano Gesù e, in Lui, il Vangelo della Grazia. Pertanto, oltre a "vedere" quanto accade nell'incontro di Gesù con la donna di Samaria, mi soffermerò anche sul dialogo di Gesù con Marta e Maria in occasione della morte del loro fratello Lazzaro, e infine sul triste ma bellissimo episodio dell'adultera in Gv 8.

Il Card. C.M. Martini ha scritto: «Il "pianeta donna" è misterioso e non è facile penetrarlo. Solo Dio che disse: "Facciamo l'essere umano a nostra immagine e somiglianza… e maschio e femmina li creò" potrebbe spiegare la profondità misteriosa della sua creatura». Perciò, come Mosè sull'Oreb, mi tolgo i calzari dinanzi alla sacra terra del pianeta donna.

1. La dignità della donna

1.1. Umanizzare la società

L'8 dicembre 1965, a conclusione del Concilio Vaticano II, Paolo VI lanciava alle donne del mondo un messaggio che si concludeva con queste parole: «Donne di tutto il mondo, cristiane o non credenti, a cui è affidata la vita in questo momento così grave della storia, spetta a voi salvare la pace del mondo!». San Giovanni Paolo II, nel messaggio per la giornata mondiale della pace del gennaio 1995, ha detto: «Desidero rivolgere il mio Messaggio soprattutto alle *donne*, chiedendo loro di farsi *educatrici di pace con tutto il loro essere e con tutto il loro operare*: siano testimoni, messaggere, maestre di pace nei rapporti tra le persone e le generazioni… Possano continuare il cammino verso la pace già intrapreso prima di loro da molte donne coraggiose e lungimiranti!…» (n. 2).

Nella *Mulieris dignitatem* (MD), pubblicata il 15 agosto 1988, San Giovanni Paolo II affermava che la donna ha una missione di fondamentale importanza nella storia: assicurare l'umanizzazione della società stessa, perché «i nostri giorni attendono la manifestazione di quel "genio" della donna che assicuri la sensibilità per l'uomo in ogni circostanza» (MD, 30). Il 29 giugno 1995, San Giovanni Paolo II – anche in preparazione alla IV Conferenza Mondiale sulla Donna – ha voluto in un "dialogo ideale" non solo parlare *delle* donne ma scrivere una *Lettera alle Donne*, esprimendo loro la sua gratitudine: «Grazie a te, *donna,* per il fatto stesso che sei *donna*! Con la percezione che è propria della tua femminilità tu arricchisci la comprensione del mondo e contribuisci alla piena verità dei rapporti umani» (n. 2).

1.2. Donna nella società ebraica

Donna: amore e timore, lode e segregazione, nobiltà e schiavitù, slancio e repressione... ecco alcune dimensioni della donna al tempo di Gesù. Donna esclusa dalla vita sociale e pubblica, donna che vive principalmente reclusa in casa; non riconosciuta per il suo nome e la sua identità personale, ma conosciuta come funzione genitiva: figlia di, sorella di, moglie di, madre di…

Donna di status inferiore rispetto a quello degli uomini tanto da non essere contata nelle liste ufficiali (cfr. moltiplicazione dei pani: «cinquemila uomini, senza contare le donne e i bambini»). Donna tenuta incapace di conoscere la Torah, non ammessa nella cerchia dei discepoli di un Rabbi. Donna la cui parola e testimonianza non hanno alcun valore perché non credibile. Donna con la quale è vergognoso farsi vedere in pubblico. Ecco alcuni stralci di scritti rabbinici:

- «Un uomo non deve mai camminare dietro una donna per la strada, fosse pure sua moglie... Cammini dietro un leone piuttosto che dietro una donna» (A. Cohen, Il Talmud, Berakoth 61).
- Tra le sei cose che i rabbini ritengono sconvenienti per il discepolo di un saggio troviamo il «parlare con una donna sulla pubblica piazza» (Berakoth 43).
- «Dio non si è ancora mai abbassato a parlare con una donna, a eccezione che con quella pia (Sara) e anche allora solo in conseguenza della colpa» (Midrash).
- «Chiunque insegna a sua figlia la Torah è come se le insegnasse delle oscenità» (Sotah, 19).
- «Chiunque aumenta ciarle con donne, causa danno a se stesso, si distrae dallo studio della Torah e la sua fine è di acquistarsi l'inferno» (Aboth 1,5).

Significativo è il fatto che la parola "scolara" o la parola "discepola" non esisteva nella lingua ebraica al tempo di Gesù, perché le donne restavano sostanzialmente escluse dall'attività scolastica e a loro era proibito accostarsi a un Rabbi e, ancor più, chiedere di esserne discepola.

1.3. Donna del "sesto giorno"

Prima di passare alla riflessione biblica, vorrei offrirvi alcuni passaggi di una suggestiva poesia di Gabry Sartor, quasi una "rilettura" poetica e libera dell'*in principio,* di quell'affascinante e misterioso "sesto giorno" della creazione della donna secondo il racconto di Genesi.

Davanti a te, Signore
la donna che ami,
la donna che sono
nuda e tiepida come quando,
appena uscita dall'argilla del nulla,
mi hai stretta al petto come un'agnella...
Donna:
corpo d'acqua e di fuoco;
ciottolo vivo e liscio
sulla riva del cuore dell'uomo;
luminosità diventata mistero
per eccesso di luce...

2. Gesù e la donna di Samaria

> «Gesù dunque, stanco del viaggio, sedeva presso il pozzo. Era verso mezzogiorno.
> Arrivò intanto una donna di Samaria ad attingere acqua...» (Gv 4,5-7).

In genere l'incontro implica o un approccio casuale o un approccio cercato. Nei vangeli non troviamo mai un incontro casuale fra la donna e Gesù: si tratta sempre di un incontro cercato, voluto, vissuto con passione. Mi pare importante sottolineare la reciprocità dell'incontro: non solo la donna incontra il Vangelo, ma è anche il Vangelo a cercare e incontrare la donna.

Gesù e la donna di Samaria... È la storia di un incontro tra il Figlio dell'Uomo e una donna, entrambi stanchi (per motivi diversi) e soli. È una relazione dialettica, vivacemente dialogica, di ricerca e rivelazione, di bisogno e donazione, di ferita e guarigione. La donna non è indifferente o ostile al giudeo Gesù, ma gli pone senza timidezze una serie di domande, mettendo in discussione gli stereotipi e le certezze del suo contesto socio-culturale: «Come mai, tu che sei giudeo, chiedi da bere a me...» (Gv 4,9), «Da dove hai dunque quest'acqua viva?» (Gv 4,11), «Sei tu forse più grande del nostro padre Giacobbe?» (Gv 4,12).

Gesù chiede ascolta parla. E nel suo colloquiare capovolge specularmente la curiosità e gli interrogativi della donna. Alla domanda: «Come mai, tu che sei giudeo, chiedi da bere a me...», Gesù risponde: «Se tu conoscessi il dono di Dio e chi è colui che ti dice: "Dammi da bere", tu stessa gliene avresti chiesto ed egli ti avrebbe dato da bere» (Gv 4,10). Al duplice interrogativo («Da dove hai dunque quest'acqua viva? Sei tu forse più grande del nostro padre Giacobbe...?»), Gesù risponde consegnando un'acqua "dissetante" che, in chi la beve, si fa sorgente «che zampilla per la vita eterna» (Gv 4,13-14).

E così all'implicito desiderio di "acqua" come fonte di dissetante amore da parte della donna, Gesù fa esplicito dono di vivente amore che è lo Spirito di Verità. È molto bello vedere ancora una volta la *libertà* e l'*umanità* con cui Gesù dialoga con le donne: Egli sa aspettare, incontrare, ascoltare con profonda disponibilità... e poi dialoga con competente affettuosa sincerità, delicata franchezza, pastorale accoglienza... leggendo nel cuore e incidendo parole di verità nella pergamena dell'anima. Senza asimmetriche gerarchie, superando ogni condizionamento storico-ambientale, pregiudizi e stereotipi del tempo... È decisamente un Rabbi e Signore "anticonformista".

3. Gesù con Marta e Maria in lutto

> «Era allora malato un certo Lazzaro di Betània, il villaggio di Maria e di Marta sua sorella. Maria era quella che aveva cosparso di olio profumato il Signore e gli aveva asciugato i piedi con i suoi capelli; suo fratello Lazzaro era malato. Le sorelle mandarono dunque a dirgli: "Signore, ecco, il tuo amico è malato"» (Gv 11,1-3).

3.1. Contesto

Il testo di Gv 11,1-44 presenta il toccante episodio della morte dell'amico Lazzaro. Il racconto è inserito in un contesto in cui Gesù stesso corre il rischio di essere messo a morte (cfr. Gv 10,31-39; 11,51-53). Gesù è in pericolo: la sua vita precipita ormai verso la morte ed Egli decide di esporsi, andando a Betania per ridare la vita all'amico morto.

3.2. Struttura

Il racconto presenta tre scene ambientate in tre luoghi diversi.

- In Gv 11,1-16 la scena si svolge «al di là del Giordano» dove «molti credettero in lui» (10,40-43). Là Gesù riceve la notizia che il suo amico Lazzaro è malato (11,3). Dopo l'esposizione dei fatti e la presentazione dei personaggi principali del racconto: Marta, Maria, Lazzaro, il racconto presenta un insolito dialogo fra *Gesù e i suoi discepoli.*

- In Gv 11,17-37 abbiamo la scena centrale, la più lunga e ricca di particolari narrativi e teologici. La scena è ambientata appena fuori dal villaggio di Betania ("casa della misericordia"), dove Gesù incontra separatamente prima *Marta* e poi *Maria.* Entrambe lo rimproverano con le stesse parole: «Signore, se tu fossi stato qui, mio fratello non sarebbe morto!» (11,21.32). I dialoghi presentano anche la professione di fede della comunità giovannea. La scena si conclude in modo assai suggestivo: Maria e i Giudei piangono e il loro pianto sconvolge a tal punto Gesù che «scoppiò in pianto» (11,35).

- In Gv 11,38-44 abbiamo la scena conclusiva e si svolge davanti al sepolcro. Il richiamo del morto alla vita viene presentata come una specie di "vocazione": Gesù «gridò a gran voce: "Lazzaro vieni fuori!". Il morto uscì» (11,43-44).

A noi qui interessa la seconda scena, cioè l'incontro di Gesù con Marta e Maria.

3.3. Le amiche di Betania

A Betania la casa di Marta, Maria e Lazzaro è per Gesù un luogo ospitale, in cui egli ama abitare e riposare in compagnia di questi suoi tre amici. Luca racconta che mentre Gesù era in viaggio per andare a Gerusalemme insieme con gli apostoli, egli fa proseguire i suoi; lui invece «*entrò in villaggio e una donna, di nome Marta, lo accolse nella sua casa*» (Lc 10,34). Gesù ha bisogno di staccarsi dalla sua "compagnia maschile" per ritrovarsi e godere dell'amicizia di queste due sorelle. A casa di Marta e Maria, Gesù annuncia e testimonia il *vangelo della libertà*: accoglie Maria come discepola ed esorta Marta a superare la logica dell'efficienza e le barriere discriminanti del giudaismo.

Il quarto vangelo dice che «Gesù voleva molto bene – amava con amore di *agape* – Marta, sua sorella e Lazzaro» (Gv 11,5). È un amore di qualità diversa. L'amore di amicizia è un amore paritario, la reciprocità del *do ut des*. L'amore di *agape* va oltre, non si ferma alla reciprocità, ma semplicemente si dà. È un amore gratuito, assoluto, senza richiesta di ritorno, senza alcuna preoccupazione che l'altro risponda o meno all'amore.

3.4. La fede di Marta

Nell'episodio giovanneo della risurrezione di Lazzaro, Marta mostra tutta la sua maturità umana e credente. Appena sente che sta venendo Gesù, gli va incontro. Maria, invece, «stava seduta in casa». Entrambe rimproverano Gesù: «Signore, se tu fossi stato qui, mio fratello non sarebbe morto!». È un'affermazione precisa, che probabilmente Maria vuole sottolineare restando seduta in casa.

Marta va incontro a Gesù e si fa la prima testimone dei vangeli a proclamare la professione di fede nella risurrezione: «Sì, o Signore, io credo che tu sei il Cristo, il Figlio di Dio che deve venire nel mondo» (Gv 11,25.27). Questo "credo" giovanneo richiama una preghiera giudaica nella quale si invocava Dio come l'unico che può far risorgere dai morti: «Tu, o Signore, sei potente in eterno, perché tu solo dai la vita ai morti». È la professione di fede nel Dio dei vivi: il Dio di Abramo, di Isacco, di Giacobbe. Questo Dio per il quarto vangelo è ormai Gesù, il quale afferma: «Io sono la risurrezione e la vita».

3.5. Maria: dalla fretta al pianto

Marta evangelizzata evangelizza, porta la bella notizia della fede a sua sorella. Desidera che anche Maria faccia la sua stessa gioiosa esperienza; così corre da lei e le dice segretamente: «*Il Maestro è qui e ti chiama*!» (Gv 11,28).

Non è solo Marta che desidera per la sorella la maturazione della fede da lei vissuta, ma è anche il Maestro interessato a Maria: «*Egli è qui e chiama te*!». Ella «*si alzò in fretta e andò da lui*» (Gv 11,29). In Maria, mediante la chiamata personale del Maestro, si determina un superamento interiore. Il puntiglio, che la teneva bloccata e seduta in casa, svanisce. Sembra che Maria abbia bisogno di un richiamo personale per superarsi: ella vive un rapporto tutto suo con Gesù. Anche Maria di Magdala avrà bisogno di essere chiamata per nome per entrare nel rapporto di reciproca conoscenza, a cui viene invitata dal Signore risorto nel giardino presso la tomba vuota.

Maria corre per andare incontro a Gesu e nella sua corsa trascina tutti coloro che sono attorno a lei, anche se non si rendono conto di cosa abbia cambiato così radicalmente il suo atteggiamento. Sono attratti da Maria senza saperne la motivazione ultima. Anzi pensano che si sia verificata in lei un'esplosione tale di dolore, da costringerla a lasciare la casa per andare a piangere alla tomba del fratello.

È Gesù, invece, l'unico punto di riferimento di Maria. Non è Lazzaro, né la sua tomba, ma solo Gesù! E dinanzi a Gesù, Maria si prostra in un profondo atto di adorazione e di fede. All'interno di questo silenzioso atto di fede, Maria dà spazio al suo lamento, alla sua debolezza di sorella ferita negli affetti più profondi, al suo sfogo. E piange. Proprio perché il grido del dolore è così intenso non può non toccare anche il cuore di Gesù.

E' la forza dell'amicizia che qui si rivela in maniera veramente impressionante: nessun altro evangelista ha osato descrivere Gesù così profondamente legato a qualcuno, da rimanere intimamente scosso di fronte alla morte dell'amico, al punto da non poter trattenere le lacrime. È proprio la libertà di esprimere fino in fondo la sua commozione a provocare la constatazione degli altri: «*Vedete come lo amava*!».

4. La donna e le pietre

> «Allora gli scribi e i farisei gli conducono una donna sorpresa in adulterio e, postala nel mezzo, gli dicono: "Maestro, questa donna è stata sorpresa in flagrante adulterio. Ora Mosé, nella Legge, ci ha comandato di lapidare donne come questa. Tu che ne dici?". Questo dicevano per metterlo alla prova e per avere di che accusarlo. Ma Gesù, chinatosi, si mise a scrivere col dito per terra...» (Gv 8,1-11).

4.1. Un'icona rivelativa

Il racconto di Gv 8,1-11 è un'icona evangelica di squisita delicatezza e prorompente forza; è una perla sperduta della tradizione antica, che inquieta e interroga. Non ci si può accostare a questa icona con indifferenza o superficialità: alla fine qualcosa *turba* il nostro cuore. Essa, infatti, smaschera il peccatore e l'accusatore che vivono in ciascuno di noi e forse anche il nostro ipocrita fanatismo morale: colui che accusa gli altri farebbe bene a guardare prima se stesso: «Chi di voi è senza peccato, scagli per primo la pietra contro di lei» (Gv 8,7).

Ma l'icona evangelica ci consegna anche il Volto della misericordia e della tenerezza di Dio in un silenzio inedito, in un cerchio che invece di stringere nella morsa della morte si dilata verso un'inattesa e fascinosa speranza di vita. Questa pagina evangelica diviene così indicativa della strada da percorrere per conoscere il Signore. Tre sono i *personaggi* del racconto: Gesù, il gruppo di scribi e farisei, la donna. E nell'intreccio narrativo di questi tre personaggi l'evangelista mette a confronto due giudizi: quello umano, che condanna ed ha per giudice dei peccatori, e quello divino che assolve ed ha per giudice l'Innocente.

4.2. Un amore rubato

Luogo dell'evento narrato è il tempio di Gerusalemme, nel quale Gesù sta insegnando al popolo radunato attorno a lui. E mentre Gesù parla al popolo, viene interrotto perché *«gli scribi e i farisei gli conducono una donna sorpresa in adulterio»* (Gv 8,3). Questa donna vive una sua storia fatta di bisogni e di attese. Non è felice di quello che ha. Si trova a vivere una storia che forse non ha neppure scelto né voluto. Una cosa comunque è certa: nel suo matrimonio non ha trovato quello che cercava, né all'interno del suo legame familiare né nella sua relazione coniugale. Non è riuscita a saziare la sua sete di amore ricevuto e donato.

Viene sorpresa in "adulterio"; e questo significa che era sposata. Ha cercato un incontro con un altro uomo, ha cercato un amore clandestino fatto di sotterfugi, consapevole di tradire suo marito e la sua famiglia. Consapevole, dunque, di tradire il patto nuziale con Dio. E si trova impelagata in una rischiosa e pericolosa relazione che non cambierà la sua vita, non colmerà la sua sete di amore. Ma ecco la tragedia, ecco ora il suo dramma. E lei, la donna, ancora una volta deve prendere coscienza di essere usata e strumentalizzata… e forse per l'ultima volta! Usata da un uomo che ha approfittato di lei per poi abbandonarla senza cercare di difenderla... Usata da rigorosi osservanti della legge per scopi che neppure lei lontanamente immagina... È vittima di una violenza che le toglie l'intimità, l'identità, la dignità... E scopre così l'amarezza e il disgusto per essersi accontentata degli uomini: «Maledetto l'uomo che confida nell'uomo» recita Geremia 17,5; per aver creduto di trovare l'uomo che la amasse per se stessa e non per il suo corpo…

4.3. Il volto dell'ipocrisia

«*Allora gli scribi e i farisei gli conducono una donna sorpresa in adulterio*» (Gv 8,3). Per essere stata colta in flagrante significa che c'erano almeno due testimoni oltre al marito (cfr. Dt 19,15). La Torah parla chiaro: «Qualora si trovi in mezzo a te... un uomo o una donna, che faccia ciò che è male agli occhi del Signore... lapiderai quell'uomo o quella donna, così che muoia... La mano dei testimoni sarà la prima contro di lui per farlo morire» (Dt 17,2-7).

L'adultera è dunque senza via di scampo. Scribi e farisei hanno già le pietre in mano, è loro intenzione ossequiare la legge di Mosè e lapidare la donna. Ma in realtà di essa a questi illustri difensori della moralità non importa nulla, a loro interessa servirsi di quella poveretta per accusare Gesù. Nell'intenzione di questi autorevoli maestri di ipocrisia due sono i condannati a morte: l'adultera e Gesù. Il peccato della donna è evidente. Quello di Gesù cercano in modo subdolo di dimostrarlo. Così si cerca non solo di far lapidare la povera donna ma, soprattutto, di far morire Gesù: «Parlavano così per intrappolarlo e poterlo poi accusare» (Gv 8,6). Sant'Agostino commenta: «Era la perversità che tramava contro la rettitudine, la falsità contro la verità, il cuore corrotto contro il cuore retto... Il Signore risponde in modo tale da salvare la giustizia senza smentire la mansuetudine».

4.4. Il volto dell'infedeltà

E Gesù «*chinatosi, si mise a scrivere col dito per terra*», gesto che ripete due volte (Gv 8,6.8). Cosa Gesù abbia scritto non lo sappiamo, ma il suo gesto in questo processo per adulterio richiama due testi dell'Antico Testamento. Il primo è Ger 17,13: «Quanti ti abbandonano resteranno confusi, quanti si allontanano da te saranno scritti nella polvere». Il secondo è Os 4,12: «Poiché uno spirito di prostituzione li svia e si prostituiscono, allontanandosi dal loro Dio». Quindi, coloro che abbandonano Dio sono adulteri; la loro punizione consisterà nell'essere scritti nella polvere e non nel «libro della vita» (Sal 69,29).

Il vero, flagrante e ben più grave adulterio - cioè l'infedeltà al Signore - viene commesso dagli accusatori più che dalla donna. Inoltre, se proprio essi vogliono essere rigorosi osservanti della legge di Mosè, perché non portano anche l'uomo adultero, come se soltanto la donna fosse colpevole? Pertanto, volendo condannare la donna, essi ottengono la stessa condanna!

4.5. La sintonia del cuore

È interessante nel testo giovanneo la sequenza verbale riferita a Gesù, in cui cambia solo la preposizione: *katakypto* e *anakypto* ("curvare o chinare il capo", "sollevare o alzare il capo"). Tre volte in un brano molto breve viene utilizzato il verbo con l'una o l'altra preposizione: è come se Gesù da una posizione eretta assumesse una posizione curva sotto il peso di qualcosa. E questo curvarsi di Gesù arriva fino a lasciare delle impronte sulla terra. È come se il narratore ci volesse dire che di fronte agli accusatori sicuri delle proprie certezze e del proprio giudizio di condanna verso la donna adultera, Gesù si presenta come colui che si confonde con la terra al punto da lasciarvi le sue impronte, come colui che si fa peccato con coloro che vivono nel fango del peccato.

Gesù sembra presentare un nuovo modo di amministrare la giustizia, basato non sulla verità del fatto che è fuori discussione, ma sulla sintonia del cuore del giudice con il cuore dell'imputata. Agli accusatori, infatti, Gesù dice: «Chi di voi è senza peccato (letteralmente: *l'impeccabile fra voi*)...»: è la prima e unica volta in tutto il Nuovo Testamento in cui si usa questo termine. L'unico impeccabile fra i presenti è proprio Gesù che si è fatto peccato senza essere peccatore. È questo il paradosso del racconto: Gesù che è innocente si coinvolge con coloro che sono colpevoli al punto che da impeccabile si fa peccato, mentre coloro che sono colpevoli e peccatori – e sanno di esserlo – pretendono di giudicare e condannare come se fossero innocenti e impeccabili!

4.6. Dal confronto all'incontro

«*Chi di voi è senza peccato...*»: la risposta di Gesù sorprende l'uditorio, disarmando tutti. Egli smaschera la malizia degli accusatori e inchioda la loro coscienza. Il silenzio di Gesù, il suo rifiuto di un confronto, quell'unica frase che pronuncia obbliga gli accusatori a spostare la loro attenzione, a posare lo sguardo non più al di fuori di se stessi, ma dentro di sé. Questi scribi e farisei sono l'icona di tutto ciò che è in noi: il perbenismo, l'attenzione esagerata a "ciò che sembra" e non a "ciò che è", l'adeguarsi acritico a "ciò che si è sempre fatto", il credersi sempre e comunque dalla parte del giusto e del diritto perché si sono rispettate le regole, sempre pronti a mettere i principi davanti alle persone.

Gesù rifiuta il confronto con essi perché il confronto non gli interessa, vuole l'incontro e sa che finché questi accusatori resteranno chiusi nel cliché della loro vita l'incontro non è possibile, perché nella loro vita non c'è posto per la persona. Per questo Gesù li aiuta a capire la centralità della persona, perché la vita è fatta sempre di persone, a partire da questa donna che pure ha sbagliato, a partire da essi stessi che subito hanno accusato.

Dall'incontro con Gesù questi scribi e farisei, che uno alla volta se ne vanno desistendo dal loro proposito omicida, forse sono usciti cambiati: se ne vanno perché non si riconoscono più nel ruolo che li aveva condotti là, perché da accusatori si sentono ora accusati. Costringendoli a vedersi così come sono, e cioè un miscuglio inscindibile di bene e di male, Gesù porta questi accusatori a riconciliarsi prima di tutto con se stessi. Mostrandoci con chiarezza la verità di noi stessi, Gesù mette fine ai nostri sogni impossibili, perché ci fa capire che la nostra santità è fatta anche di cocci e di rottami, di pazienza e impotenza, soprattutto di quell'umiltà che ci fa riconoscere il male e godere del perdono. Siamo santi perché siamo riconciliati, e siamo riconciliati perché siamo perdonati.

4.7. Il volto della tenerezza

E così rimasero solo in due: la *misera* e la *Misericordia*! La "misera" donna viene presentata come un personaggio silenzioso, passivo, fatto di sola presenza. Per i suoi accusatori non era importante chiedersi o chiederle perché avesse commesso l'adulterio. A loro interessa solo il fatto che l'abbia commesso, tutto il resto non conta. Ma lo strano è che neanche a Gesù sembra interessare il perché: infatti non chiede nulla alla donna.

A Gesù non interessa sapere quali siano i motivi del suo peccato perché comunque sa che ci sono, ma accoglie la debolezza della donna, il suo bisogno di amore, il suo senso di solitudine e tutti gli infiniti motivi che l'hanno spinta al peccato. Per Gesù non ha importanza il perché: il suo perdono è assoluto, incondizionato e completo, sempre. Per la misera donna Lui è solo Misericordia! E fra loro due si crea un accogliente, rasserenante silenzio. «*Alzatosi allora Gesù le disse: "Donna, dove sono? Nessuno ti ha condannata?". Ed essa rispose: "Nessuno, Signore". E Gesù le disse: "Neanch'io ti condanno; và e d'ora in poi non peccare più"*» (Gv 8,10-11).

Il testo non dice che si alza e, dunque, si mette in piedi, bensì *anakypsas* «alzato il capo disse…». È bello vedere come Gesù guarda la donna dal basso in alto. Gesù non guarda mai il peccatore dall'alto in basso, con sguardo inquisitore e accusatore, ma sempre dal basso in alto… per ridare dignità, per restituire alla vita chi se ne era allontanato. Perciò… cammina la tua vita, rimettiti in strada, non sei più emarginata… e a cominciare da ora non allontanarti più dalla onesta via!

Gli accusatori portano il peso del proprio peccato. Gesù ha fatto cadere non solo le pietre dalle loro mani, ma le maschere dal loro volto, li ha liberati dall'anonimato e dal nascondimento vile del gruppo e li ha costretti a confrontarsi con la propria coscienza, perché possano anche loro cominciare a vivere... quando accetteranno di essere tra i peccatori. L'adultera invece è liberata, alleggerita dalla sua colpa. Perché «là dove abbondò il peccato, abbondò proprio la misericordia» (Rm 5,20).

Il fatto di essere creata di nuovo dalla Misericordia, permette alla donna di fare della misericordia il respiro stesso della propria vita: «*Va' e d'ora in poi non peccare più*!». Sì, è peccatrice, ha sbagliato. Gesù non giustifica, né condanna. Invita ad alzare lo sguardo, ad andare oltre, a guardare col cuore la fragilità di questa donna e scoprirvi, riflessa, la propria. E questa donna viene liberata. Salvata dalla lapidazione, viene ora salvata dalla sua fragilità. «*Non peccare più*» ammonisce Gesù. Anche lei viene invitata a guardare oltre ciò che pensava essere la soluzione ai suoi problemi. «*Padre, perdonali…*»: è questo il tuo testamento d'amore, a noi consegnato pur nella trafittura del costato. Sì, Signore, aiutaci a comprendere che la misericordia è l'unico modo che Tu hai di vedere noi miseri peccatori, da Te amate creature.

5. Al pozzo l'acqua della speranza

> «Gesù dunque, stanco del viaggio, sedeva presso il pozzo. Era verso mezzogiorno.
> Arrivò intanto una donna di Samaria ad attingere acqua...» (Gv 4,5-7).

Gesù e la donna di Samaria… Icona di speranza possibile, di un pozzo scavato nella piazza del nostro cuore… anche se a volte «è ingombrato da cocci, rami spezzati, foglie secche da cui sale un odore di morte» (G. Bernanos). Incontro di delicata accoglienza e amorevole comprensione dell'altra nelle sue fragilità. Possibilità dischiusa al perdono dei suoi inganni e dei suoi tradimenti… per sperimentare che sempre si può essere accolti, amati e perdonati. Perché nessuno mi perde se io non mi perdo… e mai Dio mi perde!

Gesù e la donna di Samaria… Ogni schema pregiudiziale è infranto. Gesù dialoga con lei come fosse una discepola. Per Lui, lei è più importante di ogni pubblica e religiosa convenienza. È il suo cuore che cerca. È la sua vita che vuole sanare con l'acqua della Parola chiara affettuosa accogliente… anche se è *donna... samaritana... convivente.* E Gesù non dà ospitalità alla donna nella sua amicizia solo "dopo" la conversione e il successo della missione di evangelizzazione, ma fin dall'inizio. Anzi, l'accoglienza, l'ascolto paziente e il dialogo sono le condizioni che dispongono la donna a lasciarsi comprendere, conoscere, sanare le ferite del suo cuore. E alla fine dimentica – o lascia di proposito? – la brocca al pozzo. Era venuta per attingere acqua… ma ha trovato di più e di meglio. E da inaridito assolato assetato deserto… la donna si scopre sorgente d'acqua, che se stessa e gli altri può dissetare.

Per la riflessione personale e comunitaria

1. In quanto *Donna e Religiosa*, riesco ad essere educatrice e testimone di pace e di "umanità" nella comunità e nel campo del mio servizio? Quali difficoltà incontro e come superarle?

2. Come vivo la fede anche nelle situazioni di "deserto", sofferenza, incomprensione? Come celebrare la mia amicizia con Gesù anche in queste circostanze?

3. Ho coscienza della miseria del mio peccato e della mia fragilità? Faccio esperienza di misericordia ricevuta e donata… o tengo in tasca le mie pietre?

4. Come vivo il mio dialogo orante con il Signore? Riesco ad essere sorgente di speranza in comunità e con gli altri?

IV
L'ACQUA E LA SUA MUSICA

Alla luce dell'incontro di Gesù con la donna di Samaria, abbiamo meditato sulle donne che incontrano il Vangelo. In questa meditazione propongo una riflessione sulla simbolica dell'acqua, a partire dalla richiesta di Gesù alla Samaritana: «Dammi da bere», limitando il campo di riflessione solo ad alcuni passaggi che ci permettono di meglio approfondire la richiesta di Gesù.

> «Arrivò intanto una donna di Samaria ad attingere acqua. Le disse Gesù: "Dammi da bere"... Ma la samaritana gli disse: "Come mai tu, che sei giudeo, chiedi da bere a me, che sono una donna samaritana?"... Gesù le rispose: "Se tu conoscessi il dono di Dio..."... "Signore, gli disse la donna, dammi di quest'acqua, perché non abbia più sete..." (Gv 4,7-15).

1. Mendicanti del dono

Arrivò intanto una donna... le disse Gesù... È Gesù a rompere l'incanto della sorpresa e a parlare per primo. Come sempre. Perché Dio parla per primo, la sua parola spezza il silenzio, apre il dialogo e provoca la donna alla parola.

Rivolgendo la sua parola alla donna, Gesù la risveglia dal suo assolato trascinarsi nella vita, la scuote dalla sua confusione e dai suoi smarrimenti, la recupera dalla sua solitarietà cercata e voluta. Gesù conosce bene la storia di questa donna... eppure si offre a lei nella parola, senza pregiudizi. Perché *il primo passo tocca sempre a chi ama di più*. Per questo è sempre Dio a cominciare, Dio a parlare... bussando alla sgangherata porta del nostro cuore... Nella speranza che «se qualcuno ascolta la mia voce e mi apre la porta, io verrò da lui, cenerò con lui ed egli con me» (Ap 3,20).

Gesù bussa al cuore di questa donna di Samaria, facendosi mendicante d'acqua e accogliendo la donna così com'è, nel suo essere mendicante d'amore. Gesù chiede e interroga con vera profonda umiltà, mentre la donna a Lui si rivolge con curiosa orgogliosa interrogazione. Eppure in tutto il quarto vangelo solo a questa donna Gesù aprirà pienamente il suo cuore, dichiarando espressamente, e solo a lei, di essere il Messia.

Gesù ha sete di acqua, ma ancor più ha bisogno di incontrare una donna vera per raccontarsi nella verità della sua identità. E fra i due si celebra uno scambio di doni: si parte dall'acqua e si arriva al cuore...

Le disse Gesù: dammi da bere... È bellissima e commovente questa umile richiesta. «Il Signore non comanda: chiede. Chiede a una sua creatura. Chiede una sua cosa, poiché sue sono le fonti e le acque che ne scaturiscono, sue le acque che piovono dal cielo. Può prendere tutto perché tutto Gli appartiene e preferisce che ogni cosa, anche un sorso d'acqua, Gli venga offerta. Ha tutti i diritti e vi rinuncia in favore dell'uomo, per farsi mendicante davanti ad ognuno. Ha mendicato il *fiat* della Vergine, mendica ora un po' d'acqua ad una peccatrice... Sì, Signore, io ho bisogno di tutto, ma più che delle cose ho bisogno del *dono*... che un po' d'amore, che tutto l'amore accompagni ciò che mi viene portato sulle mani, posto sulle labbra e sul cuore...» (P. Mazzolari).

2. Chiedere per donare

Dammi da bere... Due sono i doni che Gesù chiede alla donna, ma solo uno ne ottiene. Ed è il più importante. Gesù chiede prima il dono dell'acqua, e questa non la riceve. Ma chiede soprattutto il cuore della donna. E questo dono, dopo un lungo articolato dialogo, lo otterrà.

Gesù parla e si rivela come l'assetato. Anche la donna ha sete: è venuta per attingere acqua. Aprendo il dialogo con la richiesta di bere, Gesù dichiara alla donna che ha bisogno di lei… ma sarà lei a scoprire di aver bisogno di Lui. Perché il dono più grande che possiamo ricevere è incontrare qualcuno che ha bisogno di noi. Infatti, dirà San Paolo: «Vi è più gioia nel dare che nel ricevere» (At 20,35).

Sì, l'Assetato di oggi è l'Affamato, il Malato, lo Spogliato, il Prigioniero, lo Straniero di ogni giorno… senza brocca né casa né patria… Di Gesù è il volto della Sorella stanca e solitaria. Di Gesù è il volto della Sorella smarrita e povera di sorriso e umanità. Di Gesù è il volto della Sorella irrigidita dietro la balaustra delle regole. Di Gesù è il volto della Sorella che non trova più il senso e l'entusiasmo della sua vocazione… Di Gesù è il volto…Tanti volti che schiudono appena la finestra del cuore, in cerca di un raggio di luce e di una parola di mendicante amore…

Dammi da bere... Noi abbiamo la brocca e Lui si affida alla carità della nostra solidarietà. «Perché io ho avuto fame e mi avete dato da mangiare, ho avuto sete e mi avete dato da bere; ero forestiero e mi avete ospitato, nudo e mi avete vestito, malato e mi avete visitato, carcerato e siete venuti a trovarmi… ogni volta che avete fatto queste cose a uno solo di questi miei fratelli più piccoli, l'avete fatto a me» (Mt 25,35-46). Anche una goccia d'acqua data al più povero e piccolo fra i fratelli e le sorelle d'umanità arriva alle labbra di Dio!

E noi… a volte siamo come la vedova di Zarepta, alla quale uno sconosciuto profeta in tempo di siccità chiede: «Dammi un po' d'acqua in una brocca perché io possa bere… Dammi pane da mangiare perché io possa vivere». Ed è certo che «la farina della giara non si esaurirà e l'orcio dell'olio non si svuoterà finchè il Signore non farà piovere sulla terra» (1Re 17,10-16). E così avvenne. E così sempre avverrà. Perché Dio mette ogni giorno alla prova la nostra generosità e la nostra carità nel riconoscerlo mendicante d'acqua, pellegrino d'amore.

Dammi da bere... «Nostro Signore venne alla fontana come un cacciatore, chiese l'acqua per poterne dare; chiese da bere come uno che ha sete, per avere l'occasione di estinguere la sete… Nostro Signore non ebbe vergogna di mendicare come un indigente, per insegnare all'indigente a chiedere» (Sant'Efrem). Anche a noi Gesù dice: *dammi da bere,* e anche noi ci stupiamo e non capiamo come Dio si abbassi a chiedere veramente qualche cosa a noi, come Dio per dissetarsi abbia bisogno della nostra acqua. «Chiede da bere, e promette da bere. E' bisognoso come uno che aspetta di ricevere, ed è nell'abbondanza come uno che è in grado di saziare» (Sant'Agostino).

3. Il dono dell'acqua

L'acqua della sete… dono di acqua… perché riarsa è la nostra gola, inaridita la nostra anima… «Come la cerva anela ai corsi d'acqua, così ha sete di Te, Signore, l'anima mia…» (Sal 42,2).

3.1. Benedizione e Presenza

Il tema dell'acqua attraversa l'intera rivelazione biblica. La Bibbia, infatti, si apre e si chiude con il tema dell'acqua. Così le prime pagine della Genesi: «La terra era informe e deserta… e lo spirito di Dio aleggiava sulle acque» (Gen 1,2); «Quando il Signore Dio fece il cielo e la terra, nessun cespuglio campestre era sulla terra… perché il Signore Dio non aveva fatto piovere sulla terra e nessuno lavorava il suolo e faceva salire dalla terra l'acqua dei canali…» (Gen 2,4-6).

L'uomo biblico viveva in una terra avara di acqua che, pertanto, viene vista come *benedizione di Dio*, anzi il segno più evidente della presenza di Dio nel mondo e in mezzo al suo popolo. Pensiamo al racconto di Es 17,1-7: l'acqua scaturita dalla roccia a Massa e Meriba. Questa narrazione è tutta centrata sulla simbolica dell'acqua. Israele, dopo l'esodo dall'Egitto, va migrando per il deserto secondo le tappe indicate da Dio attraverso Mosè. Ma giunto a Refidim «*non c'era acqua da bere per il popolo*» (Es 17,1). La presenza dell'acqua garantisce la vita, la sua mancanza è già simbolo di morte. Israele allora si ribella contro Mosè, e dunque contro il Signore: «Perché ci hai fatti uscire dall'Egitto *per far morire di sete* noi, i nostri figli e il nostro bestiame?» (Es 17,3). L'indigenza nella quale versa il popolo per mancanza di acqua assume toni drammatici.

Nel deserto soltanto Dio può operare l'impossibile, come leggiamo in due testi del profeta Isaia. Is 41,18: «Farò scaturire fiumi su brulle colline, fontane in mezzo alle valli; cambierò il deserto in un lago d'acqua, la terra arida in sorgenti». Is 43,19: «Ecco, faccio una cosa nuova: proprio ora germoglia, non ve ne accorgete? Aprirò anche nel deserto una strada, immetterò fiumi nella steppa. Mi glorificheranno le bestie selvatiche, sciacalli e struzzi, perché avrò fornito acqua al deserto, fiumi alla steppa, per dissetare il mio popolo, il mio eletto».

La mancanza di acqua, pertanto, porta il popolo a dubitare dell'esistenza e dell'assistenza del Signore. È la frontiera della morte: tutto crolla! Nel deserto l'*acqua* è segno di vita e di "risurrezione", per questo il popolo ora sembra votato alla morte. Ma a Refidim Dio interviene facendo scaturire l'acqua dalla roccia. Il Targum Onkelos ci porta a conoscenza di una tradizione rabbinica secondo la quale la roccia, simbolo del Signore, accompagnò il popolo per tutto il suo peregrinare nel deserto. Tradizione che troviamo applicata da San Paolo a Cristo: «Tutti bevvero la stessa bevanda spirituale: bevevano infatti da una roccia spirituale che li accompagnava, e quella roccia era il Cristo» (1Cor 10,4). E quel luogo si chiamò Massa e Meriba, cioè "tentazione e ribellione": anche nella sete di acqua non bisogna cedere alla tentazione di pensarsi abbandonati né alla ribellione contro il Signore, ritenendolo assente nei nostri baratri di morte… perché anche nel deserto e nell'arsura dell'anima Dio è sempre presente, anzi è *la Presenza* come roccia di sorgente perenne.

3.2. Ritorno del Paradiso

Come in principio, così alla fine della Bibbia Dio e l'umanità si incontrano nella simbolica dell'acqua: «Lo Spirito e la sposa dicono: "Vieni!". E chi ascolta ripeta: "Vieni!". Chi ha sete venga; chi vuole attinga gratuitamente l'acqua della vita» (Ap 22,17).

In Apocalisse l'acqua è presentata come *dono* e come *minaccia*, ma in questo caso l'autore preferisce parlare di "acque", cioè mare, simbolo del nulla, della distruzione, del caos. Il singolare (acqua) è benedizione, mentre il plurale (acque) è distruzione. Non ci deve impressionare che un popolo come Israele, che ha capito tanto l'importanza dell'acqua, abbia giudicato così negativamente le acque, cioè il mare. L'orientale è un uomo che ha disperatamente sete, ma il mare è acqua salata e non può dissetarlo. L'orientale è un uomo che ha visto sempre la terra con amore e con passione ed ha paura che il mare la travolga.

Secondo gli antichi ebrei la terra era sospesa sulle acque, cioè sul mare che si muove e si agita ininterrottamente. Per questo il mare è segno di paura e di morte. Ma in Apocalisse *il mare è ai piedi del trono divino*: Dio controlla ogni paura, ogni morte… anche il nulla, perché l'ha incatenato! Perciò nell'Apocalisse un segno della vittoria di Dio sul male è l'*assenza del mare*: «Il cielo e la terra di prima erano scomparsi e il mare non c'era più» (Ap 21,1). L'assenza del mare indica che tutto è rinnovato, al suo posto ci sono soltanto fiumi, come solchi che fecondano il grembo della terra. Nel paradiso della Genesi, infatti, non c'era il mare ma c'erano i fiumi, segno di freschezza, di novità e di rinnovamento continuo.

Parlando dell'acqua l'antico filosofo Eraclito ha scritto: «...è fiume, è mare, è lago, stagno, ghiaccio e quant'altro... è dolce, salata, salmastra... è luogo presso cui ci si ferma e su cui si viaggia... è piacere e paura, nemica e amica, è confine e infinito, è cambiamento e immutabilità, ricordo e oblio. Principio e fine».

L'acqua apre e chiude l'intera storia della salvezza... Fra i segni della nuova creazione, l'Apocalisse presenta un *albero della vita* e un *fiume* in mezzo alla piazza della città trasfigurata: «Mi mostrò poi un fiume d'acqua viva limpida come cristallo, che scaturiva dal trono di Dio e dell'Agnello. In mezzo alla piazza della città e da una parte e dall'altra del fiume si trova un albero di vita che dà dodici raccolti e produce frutti ogni mese; le foglie dell'albero servono a guarire le nazioni» (Ap 22,1-2).

Il paradiso (cf. Gen 2,8-14) perciò non è utopia, è già sulla terra: è la stessa città dell'uomo, è il creato... *paradiso senza frontiere* fecondato dal fiume d'acqua fresca dello Spirito di Dio... e dal dono d'amore fatto ai più "piccoli": «*Chiunque vi darà da bere un bicchiere d'acqua fresca nel mio nome perché siete di Cristo, vi dico in verità che non perderà la sua ricompensa!*» (Mc 9,41).

Solo l'acqua di "spirituale" Amore può dissetare la sete di ogni uomo e ogni donna. E *Dio ha sete della nostra sete*. Il suo desiderio di donare è più forte del nostro desiderio di ricevere... fino al punto che il suo desiderio si fa sete in noi. Una sete mai appagata, una *sete che cerca*... perché «l'anima mia ha sete di Dio, del Dio vivente...» (Sal 42,3).

3.3. La musica dell'acqua

L'acqua è musica, suono quieto o fragoroso di vita e di continuo rinnovamento. La musicalità è innata nell'acqua, in ogni sua espressione naturale. È musica la pioggia, leggera o impetuosa; è musica il ruscello o il fiume in piena; sono musica le onde del mare... L'acqua si muove secondo armonie arcaiche e sempre nuove... In una canzone del 1993 così ha cantato Francesco Guccini a proposito dell'acqua: «mormora e urla, sussurra, ti parla e ti schianta, evapora in nuvole cupe rigonfie di nero... pianto di me che canto al limite del giorno, fra il buio e la paura del tempo e del destino freddo assassino della notte scura...».

È musica l'acqua che lava, purifica, rigenera, fa rinascere... È musica l'acqua della fedeltà al patto nuziale del nostro sì a Dio, come recita il libro dei Proverbi: «Bevi l'acqua della tua cisterna, gli zampilli del tuo pozzo. Non scorrano fuori le tue fontane né sulle piazze i tuoi ruscelli. Siano per te soltanto, non per gli estranei insieme a te. Sia benedetta la tua sorgente!» (Prv 5,15-18).

È musica l'acqua della vita che scorre nella casta umiltà, come cantava Francesco d'Assisi: «Laudato sii, mi Signore, per sora acqua, la quale è molto utile et umile et preziosa et casta». L'acqua, nella sua casta umile musicalità, è dono da custodire, sorella da accogliere, ricchezza da condividere. Perché l'acqua è un diritto di tutti. Ma oggi 1 miliardo di persone non hanno accesso all'acqua potabile. E nel 2025 due terzi della popolazione del mondo si troverà a rischio di carenza di acqua. E la musicalità dell'acqua per loro si trasformerà in lugubre lamento di morte.

Nel romanzo "Fontamara" Ignazio Silone ha scritto: «La sete ci bruciava e noi non potevamo bere. Potevamo solo guardare l'acqua da lontano. Se ci avvicinavamo di colpo l'acqua spariva... E tuttavia nessuno poteva rassegnarsi alla perdita dell'acqua». Ma anche in quel giorno del 2025, che speriamo mai arrivi, Gesù come mendicante chiederà: «Dammi da bere…».

È umile l'acqua, ma non per questo si deve sottomettere a vantaggio di pochi. È preziosa l'acqua, ma non per questo si deve vendere rendendo i poveri sempre più poveri. È casta l'acqua… e non possiamo violentarla e sporcarla… È la nostra anima l'acqua di cui Gesù ha sete, l'anima da tenere e rendere sempre più utile a Dio e agli altri, umile, preziosa e casta… È la nostra anima l'acqua che Gesù chiede, perché Lui l'ha già catturata nelle infinite maglie della sua musica d'amore…

4. Il pozzo fenditura nuziale

> «Giunse pertanto ad una città della Samaria chiamata Sicàr… qui c'era il pozzo di Giacobbe. Gesù dunque, stanco del viaggio, sedeva presso il pozzo. Era verso mezzogiorno. Arrivò intanto una donna di Samaria ad attingere acqua…» (Gv 4,5-7).

Pozzo in ebraico (*beer*) è femminile e indica accoglienza e offerta, gravidanza e parto, come pure sterilità e fecondità. In Geremia l'acqua è *simbolo della vita*, perciò peccare è precipitare nella sterilità di un pozzo senza acqua, cadere nel baratro della morte: «Due sono le colpe che ha commesso il mio popolo: ha abbandonato me, sorgente di acqua fresca e viva, e ha preferito scavarsi cisterne screpolate, incapaci di contenere acqua» (Ger 2,13). E ancora insiste il profeta: «Signore, tu sei la speranza di Israele. Chi ti abbandona è destinato al fallimento… perché abbandona te, il Signore, la sorgente di acqua fresca e viva» (Ger 17,13).

Nell'AT l'acqua è anche *simbolo della sapienza*, come scrive il profeta Baruc: «Tu Israele hai abbandonato la sorgente della sapienza» (Bar 3,12). Anche il Siracide è su questa linea: «Se uno teme il Signore si comporta come si deve, chi ama la legge raggiungerà la sapienza: essa gli verrà incontro come una madre… per cibo gli darà il pane dell'intelligenza e per bevanda l'acqua che dona saggezza» (Sir 15,1-3).

L'acqua è anche *simbolo di purificazione*, come annuncia il profeta Ezechiele: «Vi aspergerò con acqua pura e sarete purificati da tutte le vostre sozzure e da tutti i vostri idoli» (Ez 36,25). Anzi, essa è alla radice della creatura nuova che rinasce dalle acque battesimali, come dice Gesù a Nicodemo: «Se uno non nasce da acqua e da Spirito, non può entrare nel regno di Dio» (Gv 3,5). L'acqua è *segno del principio della vita nuova del credente*, nel quale è effuso lo Spirito di Dio. È ciò che annuncia Gesù durante la festa delle Capanne: «Se qualcuno ha sete, venga a me e beva chi crede in me. Come dice la Scrittura, fiumi d'acqua viva scorreranno dal suo grembo» (Gv 7,37-38).

Vita, sapienza, purificazione… l'acqua che sgorga dal pozzo-grembo della madre terra è il simbolo per eccellenza della parola di Dio. Perché è la Parola che dà vita, sapienza e purificazione. Potremmo quasi dire che il pozzo è lo Spirito, mentre l'acqua è la Parola. Perciò è necessario rinascere dall'acqua e dallo Spirito. Così commenta Origene: «Il testo ti ingiunge e ti insegna di frequentare ogni giorno i pozzi delle Scritture sante per attingere le acque dello Spirito e attingerne sempre in abbondanza così da poterne riportare colma la brocca a casa».

Una donna, un pozzo d'acqua… Dio: l'evangelista crea un parallelismo fra la Samaritana e la serva di Abramo di nome Agar, scacciata dalla casa del patriarca. Origene è convinto che la Samaritana in fondo non sia altro che una nuova Agar, che pur avendo a portata di mano la fonte non riesce a scoprirla, finché non sopraggiunge l'inviato di Dio che le apre gli occhi davanti all'acqua viva. Si ricordi il pianto di Agar abbandonata col figlio Ismaele. Sta morendo di sete nel deserto: è accanto a una fonte e non riesce a vederla. C'è bisogno dell'angelo che le tolga il velo dagli occhi e le faccia scoprire la presenza della fonte: «Dio le aprì gli occhi ed essa vide un pozzo d'acqua» (Gen 21,19).

Come la Samaritana, come i Giudei, anche noi sediamo intorno al pozzo, ma abbiamo gli occhi chiusi e non riusciamo a scoprire l'acqua viva nelle Scritture. Agar non riusciva a vederla, eppure l'acqua era lì accanto a lei. E allora, conclude Origene, «purifica la tua anima, perché venga il giorno in cui beva anche tu dalle tue proprie fonti e attinga l'acqua viva dai tuoi ricchi pozzi personali».

Una donna, un pozzo d'acqua... Dio: da una parte c'è il desiderio di Gesù di essere dissetato e, dall'altra, l'incapacità della donna ad esaudirlo; al punto che proprio lui che ha sete dovrà diventare fonte per togliere la sete. È quanto sottolinea Giovanni al termine del racconto della passione quando, dopo aver riferito il grido di Gesù: «Ho sete», fa constatare che la fonte dell'acqua è Gesù stesso: «...e subito ne uscì sangue e acqua» (Gv 19,33).

Una donna, un pozzo d'acqua... Dio: il pozzo è il luogo dell'amore, dell'intimità, della confidenza più piena. È il luogo dove l'ascolto reciproco diventa attesa dell'acqua viva offerta da Gesù, che disseta lo spirito dell'uomo. Al pozzo di Sicàr, nell'ora più calda e più luminosa del giorno, *l'amore trasforma*, *coinvolge* e *trascina*. Sì, il pozzo di Sicàr è il *pozzo dell'amore*, dell'incontro-evento che dà alla vita un nuovo orizzonte e una nuova bussola. Ritrovarci convocati anche noi al pozzo di Sicàr significa *sentire la sete dell'incontro di avvolgente amore, che cambia la vita.*

La sete di acqua deve essere in noi sete della Parola, desiderio intenso di incontro con Gesù. L'esperienza di nuziale amore al *pozzo di Sicàr* deve essere ogni giorno anello sponsale che nello Spirito avvolge e abbraccia la nostra anima di Lui consacrazione.

Questa sera ciascuno e tutti noi insieme facciamoci mendicanti di Gesù, mendicanti d'amore, mendicanti dell'acqua della parola di Dio. Diciamo con fede e verità a Gesù, Sposo delle anime nostre: «Come la cerva anela ai corsi delle acque, così l'anima mia anela a Te... Attirami a Te, Signore, perché di te ha sete l'anima mia. Dammi da bere, Signore. Consentimi ancora di porre le labbra della mia anima sul tuo costato trafitto, perché dalla fenditura del tuo cuore possa nell'acqua e nello Spirito dissetare la mia sete di Te, sussurrando e consegnando a Te i miei peccati e lasciando ai piedi della tua Croce la mia brocca screpolata... il mio passato, che in Te più non è».

Per la riflessione personale e comunitaria

1. Cosa chiede oggi il Signore a me, alla mia Comunità? Di che cosa Lui ha sete tanto che io (e noi) possa dissetarLo?

2. Cosa chiedo oggi al Signore per me e per la mia Comunità? Ho (e abbiamo) ancora sete di Dio, sete di eternità d'amore, sete della divina Parola, sete di rinnovata nuziale consacrazione?

3. Faccio la mia lectio biblica quotidiana? Quali difficoltà e aspetti positivi? In Comunità si fa la lectio divina? Quando? Come? E la "collatio"... in una sincera e profonda "comunione d'anima"?

4. L'acqua-anima *utile, umile, preziosa, casta*... come ne esco da questo confronto? Cosa mi manca ancora per essere e vivere l'armonia della musica nella unione sponsale con il Signore?

V
IN SPIRITO E VERITÀ...
“LUOGO” DELLA PREGHIERA NEL TEMPO

Nella meditazione precedente, alla luce del dialogo di Gesù con la donna di Samaria, mi sono soffermato sul significato dell’acqua. Ora meditiamo sul senso della preghiera «*in spirito e verità*», sviluppando il senso delle parole rivolte da Gesù alla donna samaritana.

> «Gli replicò la donna: “Signore, vedo che tu sei un profeta. I nostri padri hanno adorato Dio sopra questo monte e voi dite che è a Gerusalemme il luogo in cui bisogna adorare”. Gesù le dice: “Credimi, donna, è giunto il momento in cui né su questo monte, né in Gerusalemme adorerete il Padre... i veri adoratori adoreranno il Padre in spirito e verità; perché il Padre cerca tali adoratori. Dio è spirito, e quelli che lo adorano devono adorarlo in spirito e verità”» (Gv 4,19-24).

1. La vera adorazione

Gesù dice alla donna: «*...i veri adoratori adoreranno il Padre in spirito e verità...*» (Gv 4,20-21.23-24), annunciando così l'avvento di un *culto nuovo nello Spirito.* Questo non significa che il culto sarà puramente interiore e individuale, incorporeo e immateriale. Nel quarto vangelo lo *Spirito* non si oppone né alla materia, né alla realtà sensibile, ma alla *"carne"*, cioè all'impotenza della creatura. Per questo l'uomo nuovo viene rigenerato dall'acqua e dallo Spirito, come Gesù aveva detto a Nicodemo (cfr. Gv 3,5ss).

La preghiera autentica, allora, nasce nel cuore dell'uomo “nuovo” che accoglie la novità del cuore di Dio. *Adorare*, pertanto, non è soltanto *un* modo di pregare ma *il* modo profondo di porsi davanti a Dio, nella preghiera come nella vita. L’adorazione è l’atteggiamento di chi vive riconoscendo ovunque e in tutto il *primato di Dio.* Nell’enciclica *Caritas in Veritate* Benedetto XVI ha affermato: «Ciascuno trova il suo bene aderendo al progetto che Dio ha su di lui... in tale progetto egli trova la sua verità ed è aderendo a tale verità che egli diventa libero».

E dunque poco importa il *luogo* della adorazione. La grandiosità o l'antichità di un santuario non contano. Ciò che vale è la *qualità dell'ispirazione della preghiera.* Essa deve venire da molto più lontano dell'uomo: pur rimanendo assolutamente umana, deve essere *divina nella sua fonte e nella sua radice.* Non può essere nell'uomo, se non come l'opera di Dio che è “spirito”.

Solo questa preghiera «*in spirito e verità*» risponde all'attenzione profonda del cuore di Dio. Le parole di Gesù alla donna di Samaria definiscono, quindi, la preghiera in ciò che essa ha di più fondamentale e caratteristico: *la preghiera è opera dello Spirito di Dio nella Verità*, che è Gesù. Siamo di fronte ad un dato specifico e peculiare di tutto il Nuovo Testamento: il cristiano prega nello Spirito e nella Verità, o nella Verità dello Spirito... E «il Padre *cerca* tali adoratori».

«L'adorazione è il pensiero che, incapace di ragionare, canta: una filosofia che, a un certo punto, s'inginocchia: una carità che, nella propria insufficienza, si fa prestare qualcosa da tutte le creature, per offrirsi. L'adorazione è un colloquio tra l'Infinito e il mio niente, cui il Padre ha regalato un cuore. Chi adora non chiede, ma si offre intonandosi all'armonia divina del creato...» (P. Mazzolari).

Perché il Padre *cerca* tali adoratori? Perché vuole aiutarli con la sua grazia a conoscersi per conoscerLo, ad amarLo per amarsi sempre più in profondità. Quanto più conosceremo a fondo il pensiero e la volontà di Dio, tanto più Lo adoreremo «*in spirito e verità*». E questo significa rivolgersi a Lui senza simulazioni e senza ipocrisie, avendo sentimenti di vero amore e di vera figliolanza. Dio, infatti, non guarda tanto la quantità delle nostre pratiche esteriori, bensì quanto amore vero c'è nel nostro cuore, quanto sincera e retta è la nostra intenzione quando ci rivolgiamo a Lui. Adorare «*in spirito e verità*» significa riconoscere la signoria di Dio sopra ogni cosa, soprattutto sulla nostra vita, e quindi lasciare che la nostra esistenza venga regolata dalla sua volontà e non dalla nostra.

Non nei grandi avvenimenti si incontra Dio, ma nella culla povera di un cuore pienamente disponibile al suo amore; basta dare spazio al bisogno che Lui ha di noi. Allora sperimenteremo che l'incontro con Dio non lascia le cose come prima, ma le cambia come ha cambiato la vita della samaritana, dell'adultera, di Pietro, di Paolo e ne ha fatto una *divina avventura*. Al contrario del giovane ricco che, pur avendo incontrato Gesù, rimane tagliato fuori da questa esperienza trasfigurante; perché il cuore, pieno di tante cose, non è stato capace di farsi culla adorante «*in spirito e verità*» e di disfarsi della menzogna e della zavorra della ricchezza.

2. In spirito e verità

2.1. Aprirsi allo Spirito

Per San Paolo è lo Spirito Santo a creare la preghiera nel cuore del credente. È lo Spirito a far sì che la preghiera, della Chiesa e nella Chiesa, sia "voce di Cristo". Perché da soli noi non siamo assolutamente capaci di pregare: «*Noi non sappiamo nemmeno che cosa domandare per pregare come si conviene... lo Spirito viene in aiuto alla nostra debolezza*» (Rm 8,26). La parola greca "*astheneia*" (debolezza) significa assenza di forza, inadeguatezza, impotenza. Lo Spirito, quindi, viene in aiuto a noi che siamo impotenti e senza forze adeguate per la preghiera: Egli ci dona la forza che ci manca per entrare in contatto con il Dio vivo. Si può dire che è Lui a stabilire il contatto: «Egli viene in aiuto nostro».

Pregare, allora, è *aprirsi allo Spirito Santo*, affidarsi a Lui, accogliere il suo aiuto, lasciarsi condurre, plasmare e illuminare da Lui. Lo Spirito Santo ci viene in aiuto con le parole della Sacra Scrittura, che Egli ha ispirato e mette sulle nostre labbra o addirittura incide nel nostro cuore. Ci viene in aiuto con la preghiera della Chiesa, Corpo di Cristo, di cui Egli è l'anima. Grazie allo Spirito Santo, il cristiano che prega penetra nei misteri più profondi: entra cioè nell'intimità della comunione con Dio. Egli scopre «*ciò che occhio non vide, né orecchio udì, né mai entrò in cuore d'uomo, ciò che Dio ha preparato per quelli che lo amano*» (1Cor 2,9).

2.2. Intimità filiale

Lo Spirito Santo dà alla preghiera la sua caratteristica più specifica, quella che la rende del tutto cristiana: l'*intimità filiale* e la *semplicità confidenziale*. Ai Galati San Paolo ricorda che, con il dono dello Spirito, essi sono diventati veramente figli di Dio: «*E che voi siete figli, ne è prova il fatto che Dio ha mandato nei vostri cuori lo Spirito del Figlio suo che grida: "Abbà! Padre!"*» (Gal 4,6). E ai Romani scrive: «*Tutti quelli che sono guidati dallo Spirito di Dio sono figli di Dio. E voi non avete ricevuto uno spirito da schiavi per ricadere nella paura, ma avete ricevuto uno Spirito che fa di voi dei figli adottivi, per mezzo del quale gridiamo: "Abbà! Padre!"*» (Rm 8,15).

Questo "grido" riassume tutta la preghiera del cristiano. La preghiera, dunque, non è altro che il grido del Figlio di Dio in noi, grido suscitato e sostenuto dallo Spirito Santo. In questo grido confluiscono l'adorazione, il ringraziamento, la lode, l'implorazione, il silenzio amante... Questo grido «Padre!», che nello Spirito sale dall'intimo e più profondo segreto dell'anima cristiana, costituisce anche il mistero più profondo. E' il primo filiale risveglio dell'anima che balbetta il nome proprio di Dio: «Abbà! Padre!».

2.3. In comunione fraterna

Lo Spirito Santo, che è Amore e Comunione, offre alla preghiera cristiana anche la sua ampiezza e la sua *dimensione comunitaria.* Gesù non si è accontentato di raccomandare la preghiera solitaria nel segreto della propria camera (Mt 6,6), ma ha anche detto: «*In verità vi dico: se due di voi, sopra la terra, si accorderanno per domandare qualunque cosa, il Padre che è nei cieli ve lo concederà; poiché dove sono due o tre riuniti nel nome mio, io sono in mezzo a loro*» (Mt 18,19-20). E ai suoi discepoli, che lo supplicavano di insegnare loro a pregare, ha consegnato la *preghiera comunitaria* per eccellenza: «Padre *nostro*... Da' a *noi* il *nostro* pane quotidiano, rimetti a *noi* i *nostri* debiti, come *noi* li rimettiamo ai *nostri* debitori. E aiuta *noi* a non cadere nella prova, ma libera *noi* dal maligno» (Mt 6,9-13).

Questo aspetto comunitario e fraterno è caratteristico della preghiera cristiana fin dalle origini. In Atti degli Apostoli, così Luca descrive la comunità dei discepoli alla vigilia della Pentecoste: «*Tutti unanimi erano assidui alla preghiera*» (At 1,14). E dopo la Pentecoste riferisce: «*Ogni giorno, tutti insieme frequentavano il tempio e spezzavano il pane nelle loro case, prendendo i pasti con letizia e semplicità di cuore, lodando Dio e godendo la simpatia di tutto il popolo*» (At 2,46-47). I cristiani della prima generazione erano legati fra loro in una comunione fraterna, la cui fonte ed espressione erano la *preghiera* e lo *spezzare il pane*, cioè l'Eucaristia.

La preghiera cristiana, dice Clemente Alessandrino, è «l'unione di molti voci fuse in una armonia divina per costituire una sola sinfonia». Il cristiano, dunque, non è mai solo: la sua preghiera, anche quella più solitaria, si inserisce in una immensa comunitaria ed ecclesiale celebrazione.

2.4. Spogliamento e purificazione

Lo Spirito Santo conferisce alla preghiera cristiana anche il suo carattere di spogliamento purificatore. Per unificante che sia, la preghiera non è certamente un riposo. La preghiera del cristiano è preghiera del pellegrino. Gesù la paragona alla veglia nella notte (Mc 14,38). Essa è perseveranza, attesa, fedeltà. Talvolta è anche cammino nel deserto, attraversato da tenebre fittissime. È «*lampada che brilla in un luogo oscuro, finché non spunti il giorno e la stella del mattino si levi nei vostri cuori*» (2Pt 1,19).

Nella preghiera lo Spirito Santo dà la forza di rimanere fermi nella fede, come l'uomo che vede l'invisibile (cfr. Eb 11,27), educando, sostenendo e fortificando. Lo Spirito unisce misteriosamente la preghiera del credente desolato a quella di Gesù nella sua agonia (cfr. Lc 22,39-46). Questa unione alla Passione di Cristo e al suo estremo abbandono al Padre sulla Croce (cfr. Lc 23,46) è anch'essa una delle caratteristiche specifiche della preghiera cristiana «*in spirito e verità*».

I grandi mistici cristiani hanno conosciuto le notti purificatrici di questo genere, notti nelle quali, dopo aver bruciato i peccati e corretto i difetti, lo Spirito lavora sul fondo stesso della natura per purificarla, raddrizzarla, renderla più agile, per insinuarvi dentro il succo vivificante della grazia.

Nello Spirito, l'anima vive la sua dolorosa divisione e la sua purificazione: divisa tra ciò che è già e ciò che essa attende nella fede (Rm 5,2; 8,24), purificazione da tutto ciò che non è esistenza filiale e vera obbedienza e comunione con Dio Padre. Soprattutto nella preghiera, sotto l'azione dello

Spirito, l'anima avverte il peso del presente e l'attrazione del "futuro", le difficoltà di una fedeltà impegnativa e l'attrazione di un amore sempre più forte.

3. Resistenza e resa

La preghiera è luce che trasfigura la vita e la nostra giornata; è luce che illumina d'amore i nostri rapporti con gli altri. La preghiera ci aiuta a vivere secondo una dinamica di *resistenza e resa.* Resistenza nella fatica del giorno, resa nella consegna della sera… e così lo scorrere del tempo (*chrònos*) si trasfigura in grazia (*kairòs*). Ha scritto San Giovanni Crisostomo: «Io penso senz'altro che riesca a tutti evidente come è impossibile, senza il sussidio della preghiera, vivere virtuosamente». E Sant'Agostino annotava: «Veramente sa vivere bene chi sa pregare bene».

Se la vera secolarizzazione è lo *svuotamento di senso,* occorre – come dice giustamente Karl Rahner – «...pregare quotidianamente, pregare nella vita giornaliera, non limitare la preghiera ai rari angusti momenti di intima e forte commozione».

La preghiera quotidiana, oltre che necessità, è soprattutto *gratuità*, apertura e risposta umana alla grazia di Dio. Per questo la preghiera richiede il coraggio del discepolo pronto sempre a *imparare*, a dare ad ogni istante il peso dell'eternità, accogliendo il dono della grazia attraverso la preghiera «*in spirito e verità*», che trasfigura e santifica il tempo. Cristo infatti non è uscito dal tempo, ma vi è rimasto per fare entrare il tempo, cioè noi, nell'eternità. Pregare con Cristo nello Spirito significa perciò riconsegnare ora per ora, istante per istante la nostra esistenza alla fonte da cui è scaturita.

La preghiera ci insegna anche a trovare un ritmo di vita, a vivere tra lode, ringraziamento e supplica, nel ritmo dell'accogliere e del donare, come nel respiro. Per questo la *preghiera mattutina* si configura come apertura, accoglienza, affiatamento con la vita che mi viene incontro. Nell'accogliere si prefigura già il gesto dell'abbandono tipico della *preghiera della sera*, in cui consegno l'incanto e l'ambivalenza della mia giornata nelle mani di Dio Padre.

4. Quando la vita è preghiera

4.1. Essere Amore

Santa Teresa d'Avila affermava che la preghiera «non è altro che un intimo rapporto di amicizia, un frequente trattenersi in solitudine con Colui da cui sappiamo di essere amati». Un rapporto di amicizia, un rapporto tra persone, nella fede profonda che percepisce la Presenza viva e amorosa di Dio. Un rapporto «cuore a cuore». Santa Teresa scriveva che pregare molto non significa pensare molto, ma amare molto. Ecco perché Teresa di Lisieux sintetizzava la sua vocazione affermando: «Nel cuore della Chiesa, mia madre, sarò l'amore. Allora sarò tutto».

La preghiera è un'*esperienza vitale* e, come la vita, è in continuo divenire: conosce una fase iniziale, uno sviluppo, degli arresti, delle riprese... Per questo è più preciso parlare di un *cammino di preghiera*. La vita diventa preghiera solo dopo aver percorso, con l'aiuto della grazia di Dio, un buon tratto di strada nel cammino della preghiera. La vita di tutti può diventare preghiera, basta iniziare a pregare ed essere fedeli allo Spirito del Signore, che guida sicuramente alle vette più alte dell'unione con Dio. Lui è fedele, ne siamo certi e, se glielo chiediamo, aiuterà anche noi a dirgli sempre di sì. Per il cristiano «la preghiera consiste nell'amare molto» (C. De Foucauld).

Nell'enciclica *Deus caritas est* Benedetto XVI ha scritto: «Nella liturgia della Chiesa, nella sua preghiera, nella comunità viva dei credenti, noi sperimentiamo l'amore di Dio, percepiamo la sua presenza e impariamo in questo modo anche a riconoscerla nel nostro quotidiano. Egli per primo ci ha amati e continua ad amarci per primo; per questo anche noi possiamo rispondere con l'amore». La preghiera, perciò, è l'incontro della sete di Dio con la nostra sete. Dio ha sete che noi abbiamo sete di Lui.

4.2. La preghiera nel tempo

L'essere umano vive immerso nei *ritmi del cosmo*: la sua esistenza è, in certo modo, regolata dall'alternarsi del giorno e della notte, dalle stagioni e dal ritorno circolare dell'anno astronomico; sembra chiusa nel tempo e insieme dal tempo stesso portata oltre, come un fiume che sfocia nell'oceano infinito. È dunque *nel tempo* che noi abbiamo bisogno di scoprire ed esprimere il senso e il fine della nostra esistenza, la nostra relazione con la Sorgente Trinitaria da cui siamo scaturiti e alla quale dobbiamo ritornare. Pertanto, la struttura esistenziale su cui si incardina la preghiera è la *giornata*. Nell'orizzonte dell'alternarsi infallibile di giorno e notte, di luce e tenebra, avviene una sorta di *trasfigurazione del tempo* compiuta e ritmata dalla *preghiera delle ore*. All'interno della giornata cogliamo l'opposizione di *luce-tenebre,* che si fissa nei due inizi: *mattino-sera.*

Il *mattino* è simbolo del risvegliarsi della coscienza, della percezione, del sentimento, della ragione. Ma il risveglio è anche il passaggio dall'inattività all'attività, dall'irresponsabilità della quiete alla fatica dell'impegno, del dovere, del servizio.
La *sera* è simbolo del ritornare alla separazione dal mondo e al silenzio, mentre l'attività trova nel riposo la naturale rigenerazione delle forze e della ri-creazione. E mentre la tentazione del mattino è l'inattività, quella della sera è l'iperattività. La lezione della sera è la consegna di sé e del proprio lavoro al Signore della vita. La lode del mattino è il coraggio del lavoro e del servizio, mentre quella della sera è l'umiltà dell'interruzione e dell'abbandono.

«Al mattino, contro tutte le depressività del mattino, quando non ci si vuole svegliare, cerco di accogliere i tempi, la nuova giornata, gli altri, me stesso soprattutto perché io sono un altro anche per me stesso. Abbracciare, accogliere le diverse voci della mia interiorità, dei compiti che mi vengono incontro o mi sono imposti. Aprire così il calice della mia parabola: questa è la preghiera del mattino, o - come la definisce Sant'Agostino - la *conoscenza mattutina.* Segue la preghiera, la *conoscenza vespertina:* raccogliere il miele della giornata, come fanno le api per costruirsi una casa con questo miele, che è la giornata concessami. E poi, non rinchiudersi nella piccola casa, ma abbandonare la bellezza e l'ambivalenza della giornata nelle mani di un Altro. Sono ritmi permanenti che scandiscono il tempo. In questi due gesti dell'ospitalità e dell'abbandono, del raccoglimento, ritroveremo la nostra libertà entro un tempo disperso» (E. Salmann).

4.3. Il tempo in preghiera

La santificazione del tempo nella *preghiera delle ore* è *resistenza* contro le durezze e le asprezze della vita; è *resa* adorante e orante all'infinito mistero dell'Amore. E allora… «Prega nella vita quotidiana! Fa' della vita quotidiana una preghiera! Come si trasforma la vita quotidiana in preghiera? Per mezzo del disinteresse e dell'amore... La vita di ogni giorno può banalizzare la preghiera quotidiana: essa diventa esteriore, meccanica, vuota, preghiera solo vocale e adempimento di una prestazione esterna che si soddisfa possibilmente in fretta, per occuparsi poi nuovamente di cose più piacevoli. Questa preghiera diventa una specie di tempo concesso a Dio di mala voglia... E così può accedere che si preghi ma col cuore si è lontani da Dio, che si onori Dio con le labbra, ma il cuore non vi prenda parte, e cionondimeno ci si illude di aver assolto il proprio dovere verso Dio...» (K. Rahner).

La preghiera cristiana è preghiera di *santificazione*: apre il cuore allo Spirito Santo che prega in noi con «gemiti inesprimibili» (Rm 8,16) e anima la nostra preghiera, conducendola alla conoscenza e alla rivelazione di Dio Padre. La *preghiera delle ore* è opera dello Spirito Santo, è preghiera «*in spirito e verità*» che sa operare atti graditi a Dio, rendere nuova la vita.

La preghiera cristiana si compie *nel nome di Gesù*: questa è condizione perché il Cristo sia presente nella preghiera e perché essa possa ricondursi a quella del suo Signore, in una lode generata dalla gioia dell'Amore che unisce la Trinità. La *preghiera delle ore* esprime sulla terra questo canto di lode che è il canto trinitario della comunione divina, del dono della santificazione che ci rende "spirituali".

La preghiera cristiana è *pregare con Cristo,* è espressione di quelle preghiere e suppliche, che egli con lacrime e forti grida aveva offerto al Padre nei giorni della sua vita terrena (cfr. Eb 5,9). La *preghiera delle ore* sa farsi voce della storia e delle necessità degli uomini e delle donne e, in Cristo, sa essere voce di tutti per implorare e intercedere la salvezza.

La preghiera cristiana è *preghiera della comunità orante*: il radunarsi a pregare insieme nella lode esprime l'aver scoperto la dimensione cristiana della preghiera superando così ogni contenuto e forma di individualismo, che trasforma ogni preghiera in *preghiera della Chiesa.*

La *preghiera delle ore* nasce dalla coscienza di continuare, in quanto Chiesa, la *preghiera offerta da Cristo Gesù,* come continuazione del sacrificio di lode per eccellenza che è l'Eucaristia. La preghiera cristiana non è quindi dire tante parole, ma *essere nella fede dinanzi a Dio* che parla. La Divina Parola Incarnata diventa il nutrimento per ogni preghiera. La Parola letta, meditata e proclamata è presenza di Cristo, è preghiera che accolta nel cuore penetra la vita e si fa preghiera «*in spirito e verità*» contemplando il Mistero.

La *preghiera delle ore* è per eccellenza *preghiera della Chiesa* ed ha come contenuto la Parola di Dio. In questo essa è in grado di rivelarci e comunicarci la proposta del Padre, sollecitando la nostra adesione e la nostra risposta. La preghiera cristiana è *incontro con le Divine Persone* che, nel silenzio interiore e nella contemplazione, convertono il nostro cammino e ci spingono verso un futuro di speranza. La *preghiera delle ore*, che celebra il mistero di Cristo, dà forma alla vita «*in spirito e verità*» con la Parola di Dio, con il silenzio, con la suggestiva preghiera dei Salmi. Sa interpretare l'esistenza di ciascuno di noi, che nel silenzio di lode lascia abitare in sé quella Parola che si incarna nella vita personale e comunitaria, conformandoci a Cristo Maestro e Signore.

Per questo la Chiesa ha considerato le ore della preghiera come *tempo di grazia*, come *memoria* della preghiera continua del suo Signore: «Il divino ufficio, secondo la tradizione cristiana, è ordinato a santificare tutto il corso del giorno e della notte per mezzo della lode divina. Quando poi a celebrare debitamente quel mirabile canto di lode sono i sacerdoti o altri a ciò deputati dalla Chiesa, o anche i fedeli che pregano insieme col Sacerdote nelle forme approvate, allora è veramente la voce della Sposa che parla allo Sposo, anzi è preghiera che Cristo unito al suo Corpo eleva al Padre» (*Sacrosanctum Concilium*, n. 84).

4.4. Santificare il tempo

La santificazione del tempo mediante la preghiera liturgica corrisponde, dunque, alla nostra santificazione nella riconsegna a Dio della nostra esistenza animata da spirito di fede, di speranza e di carità e fatta passare attraverso il crogiuolo della giornata, illuminata dal mistero della Croce e trasfigurata dal mistero della Risurrezione.

La *preghiera delle ore* è sempre pervasa dalla luce «*in spirito e verità*» e prelude all'unione sponsale della Chiesa Sposa con Cristo Sposo. È dunque suggestiva icona della liturgia celeste.

Così, infatti, si esprime il Concilio Vaticano II: «Quando in comune esultanza celebriamo insieme le lodi della maestà divina, e quando tutti noi in ogni tribù, lingua, popolo e nazione (cf Ap 5,9) che siamo stati redenti nel sangue di Cristo e che siamo riuniti in un'unica Chiesa, magnifichiamo Dio Uno e Trino con un medesimo canto di lode, realizziamo una stretta unione nostra con la Chiesa celeste» (*Sacrosanctum Concilium*, 8; 104). Anticipiamo così in certo modo, l'unione eterna con il Signore, celebriamo già il giorno delle nozze della Chiesa con Cristo Sposo. E «*sarà un unico giorno... non ci sarà né giorno né notte; verso sera risplenderà la luce*» (Zac 14,7).

E allora ogni istante deve avere il peso dell'eternità, perché ci apre ad accogliere il dono della Grazia che Dio vi ha introdotto con il mistero della Redenzione. Per questo la preghiera nel tempo è tempo che riposa, «*in spirito e verità*», nell'ascolto contemplativo di Colui che ci ha chiamati nel tempo ad essere icona e trasfigurazione dell'Eterno.

5. Nell'ascolto la contemplazione

L'ascolto contemplativo «*in spirito e verità*» diviene tempo in cui possiamo per grazia fare esperienza adorante di Dio, oltre i suoni e i rumori del mondo. Nell'ascolto contemplativo la preghiera si fa comprensione della nostra solitudine, accoglienza di una parola che Dio ci rivolge e alla quale noi dobbiamo rispondere, perché la nostra libertà si deve a quella divina Parola, che ci ha segnati come consacrati.

Pregare «*in spirito e verità*» richiede, pertanto, il coraggio e l'umiltà adorante di lasciarci contestare dalla Parola, quale spada affilata che ferisce il cuore, per cambiare la nostra vita e lasciarci plasmare dal Vangelo di Gesù. Ma occorre ricordare che l'atto fondativo dell'ascolto è il silenzio. *Solo nel silenzio può nascere l'ascolto*! Diversamente avremo parole che non parlano, liturgie che non santificano, preghiere che non comunicano. Dobbiamo perciò creare nel nostro cuore e nelle nostre comunità spazi di silenzio uditivo, di adorazione e meditazione, di riflessione e contemplazione. Abbiamo davvero bisogno di convertirci al silenzio!

Il clima dell'ascolto e del silenzio, infatti, favorisce il discernimento e la distensione dell'anima, per ritrovare la propria identità e il vero senso della propria vocazione. È come l'acqua versata nella bacinella: mentre si versa è agitata e non si riesce a vedere nulla se non tale confusa agitazione. Ma quando l'acqua riposa nella bacinella, allora è possibile scorgervi il proprio volto. Per questo il silenzio è culla e grembo della preghiera e della contemplazione «*in spirito e verità*».

Se questa preghiera «*in spirito e verità*» diviene relazione contemplativa con Dio, allora sperimenteremo la grazia di non appartenerci più, perché vivremo la beatitudine dello spirito di povertà come elevazione nel mistero di Colui il quale, Crocifisso e Risorto, tutto e tutti attira a Sé... pur nei travagli della nostra quotidianità, nell'intensità dell'azione, nello smarrimento dell'insuccesso...

Con il Sal 34,6 abbiamo tante volte pregato così: «Contemplatelo e sarete *raggianti*». Il verbo ebraico *nahar* (essere raggiante) si riferisce alla luce del giorno (Gb 3,4) e viene applicato anche nel canto di Isaia 60,5 su Gerusalemme: «Alzati, rivestiti di luce, perché viene la tua luce, la gloria del Signore brilla sopra di te... A quella vista sarai *raggiante*, palpiterà e si dilaterà il tuo cuore».

Attraverso la contemplazione, noi siamo avvolti dalla luce di Dio, perché «*alla sua luce vediamo la luce*» (Sal 36,10). Perciò, scrive San Paolo in 2Cor 3,18: «*Noi tutti, a viso scoperto, riflettendo come in uno specchio la gloria del Signore, veniamo trasformati in quella medesima immagine, di gloria in gloria, secondo l'azione dello Spirito del Signore*».

«*Contemplatelo* e sarete raggianti»: il verbo ebraico *nabat* (contemplare, guardare in profondità) descrive la contemplazione come una *penetrazione*, un approfondimento, una comunione di conoscenza tra conoscente e conosciuto. Si tratta di una rieducazione dello sguardo, per poter così ritornare a vedere «*in spirito e verità*».

Nel tempio dell'ascolto contemplativo, trasfigurati in luce dalla Luce del Signore, noi perdiamo la nostra cecità (cfr. Gv 9) e veniamo immersi nella Luce amante e abbagliante del Signore. E allora, anche nelle tenebre più fitte, anche nelle stanchezze più pesanti, sperimenteremo «*in spirito e verità*» la gioia nuziale dell'abbraccio con Dio, perché «*alla sua luce vediamo la luce*» (Sal 36,10).

Per la riflessione personale e comunitaria

1. Come vivo la preghiera personale e quella comunitaria? E la meditazione quotidiana? Cosa dovrei e dovremmo cambiare o migliorare?

2. Come vivo personalmente e come viviamo in Comunità il tempo di silenzio? Cosa e come migliorare?

3. Come vivo personalmente e come viviamo in Comunità la preghiera di contemplazione e adorazione? Mi sento "convertita" e "trasfigurata" dalla preghiera?

4. Quale ruolo e spazio occupa la Parola di Dio nella mia e nella nostra preghiera?

VI
CONSACRAZIONE E CONVERSIONE DEL CUORE
Quando fiorisce il deserto…

Nella meditazione precedente abbiamo cercato di approfondire il senso e il significato della preghiera per noi consacrati. Ora cercheremo di approfondire il senso della conversione del cuore

1. Ti conosco… perciò ti amo

> «Le disse Gesù: "Va' a chiamare tuo marito e poi ritorna qui". Rispose la donna: "Non ho marito". Le disse Gesù: "Hai detto bene non ho marito; infatti hai avuto cinque mariti e quello che hai ora non è tuo marito; in questo hai detto il vero". Gli replicò la donna: "Signore, vedo che tu sei un profeta…"» (Gv 4,16-19).

Con tanti "amori" o amanti, la donna si trascina stanca nel deserto dell'amore… E Gesù ne fa emergere la miseria morale, senza umiliare giudicare condannare, attendendo che il deserto dell'anima e della vita della donna fiorisca… Solo il Suo Amore, donato e accolto, può compiere il miracolo…

La cosa più importante per la samaritana è scoprire di essere conosciuta in profondità senza essere giudicata da Gesù. La donna sperimenta il *brivido di sentirsi conosciuta*, il brivido di scoprire che Qualcuno la conosce dentro e dall'alto, la conosce davvero. È la gioia di capire che c'è uno "più alto", eppur così vicino, che sa leggere nel suo cuore e la accoglie così com'è… e la vuole bene per se stessa.

«Il veder chiaro nell'animo nostro è assai più difficile di quanto non si creda. Quanta fantasia in certe spiegazioni del peccato! Che importa descrivere la strada dei nostri errori se nessuno c'indica quella del ritorno? La strada che ci ha fatti fuorviare non conta più dopo che il Signore ci ha perdonato. La vita cristiana vale solo per quello che si può diventare rispondendo alla Grazia… Gesù sa tutto della Samaritana, ma non le dice che quelle poche parole che possono giovarle. Noi sappiamo sempre così poco del mistero delle anime…» (P. Mazzolari).

2. Le "parole" della conversione

La *strada del ritorno* è la strada, antica e sempre nuova, della nostra *conversione*. In essa Dio ci incontra facendosi conoscere come Misericordia. È nella conversione che il peccato e il perdono si svelano nel medesimo tempo nel cuore dell'uomo. Per comprendere il senso della conversione è opportuno rivisitare il significato biblico delle parole più ricorrenti per esprimerla.

In ebraico il verbo *shûb* (ritornare) indica il rientro sulla strada giusta. La conversione è allora un *ritorno a Dio*, dopo un itinerario di allontanamento da Lui: «Questo popolo mi è vicino con la bocca... il suo cuore è *lontano* da me» (Is 29,13). A chi vuole essere fedele è richiesto di camminare alla presenza del Signore sulla via segnata dalla Parola di Dio. Ma il popolo facilmente e volontariamente cambia strada e devia dalla via della luce.

I profeti allora esortano alla conversione (*teshubah*): «Ritorna, vergine d'Israele, ritorna...» (Ger 31,21). Il ritorno è unicamente verso Dio: «Se vuoi ritornare, o Israele - dice il Signore - *a me* dovrai ritornare» (Ger 4,1). Solo Dio può guarire le ferite del popolo smarrito. Il profeta Osea, dopo un insistente appello, coltiva la speranza che il popolo ritornerà: «Ritorneranno gli Israeliti, cercheranno JHWH loro Dio... e trepidanti si volgeranno a JHWH» (Os 3,5). Suggestiva è la trilogia verbale *ritornare-cercare-rivolgersi*, che sembra quasi delineare le tappe della conversione: dal ritorno alla ricerca continua, e dalla ricerca all'abbraccio finale, all'incontro del volto dell'uomo con il volto di Dio.

Nel Nuovo Testamento i termini che esprimono la tematica della conversione sono principalmente due: *epistréphein* ("ritornare" secondo il senso di *shûb* nell'Antico Testamento) e *metanoeîn* (*meta* = dopo, oltre; *nòos* = mente, intelletto, intelligenza, pensiero). Convertirsi quindi significa andare oltre le proprie vedute e la propria mentalità. Si tratta di "uscire di mente", di *impazzire* per qualcuno come impazzisce chi è innamorato. Nel NT ci viene indicato che *si impazzisce per Cristo*, come Cristo è impazzito per noi amandoci alla follia… fino a dare la sua vita.

Conversione, allora, è uscire dal cuore duro (*sklerocardia*) e irrigidito nelle proprie idee e nei propri desideri, per trasformarsi in un cuore aperto e pronto ad accogliere Gesù: «All'udir tutto questo si sentirono trafiggere il cuore e dissero a Pietro e agli altri apostoli: "Che cosa dobbiamo fare, fratelli?". E Pietro disse: "Pentitevi e ciascuno di voi si faccia battezzare nel nome di Gesù Cristo, per la remissione dei vostri peccati; dopo riceverete il dono dello Spirito Santo"» (At 2,37-38).

Il processo di conversione porta alla riconciliazione con Dio, con se stessi e con gli altri e provoca una *nuova creazione* nella vita dell'uomo: «Quindi se uno è in Cristo, è una creatura nuova; le cose vecchie sono passate, ecco ne sono nate di nuove… Vi supplichiamo in nome di Cristo: lasciatevi riconciliare con Dio» (2Cor 5,17-20).

La conversione riguarda tutti, e quindi anche e soprattutto noi consacrati. Spesso noi preghiamo per la conversione dei peccatori, ritenendo che essa riguarda gli altri e non noi. Ma *tutti abbiamo bisogno di conversione*, come ci testimonia la grande storia d'Israele: Abramo deve ritornare, Giacobbe deve ritornare, Mosè deve ritornare, Elia deve ritornare, Davide deve ritornare, i Dodici debbono ritornare, Pietro deve ritornare, Paolo deve ritornare…

D'altra parte il manifesto programmatico del ministero di Gesù si apre con queste parole: «*Il tempo è compiuto e il regno di Dio è vicino; convertitevi e credete nel Vangelo*» (Mc 1,15). Gesù invita tutti a conversione come cammino mai esaurito, come dimensione costante nell'itinerario di fede. La conversione, infatti, è un processo interiore che deve attraversare continuamente la nostra vita. Isacco il Siro scriveva: «Colui che conosce i propri peccati è più grande di colui che risuscita i morti e colui che conosce la conversione e il pianto è più grande di colui che è lodato nella Chiesa».

3. Peccato e pentimento

È importante, dunque, conoscere i propri peccati. È importante comprendere che il peccato ottenebra il cuore, confonde l'intelletto, frantuma il nostro rapporto di amicizia con Dio e la nostra comunione con la comunità. Il peccato è il male che corrompe il cuore, trasformandolo in tomba di impurità, furti, omicidi, adultèri, avidità, malvagità, inganno, dissolutezza, invidia, calunnia, superbia, stoltezza. E ancora: «L'uomo buono dal buon tesoro del suo cuore trae fuori il bene; l'uomo cattivo dal suo cattivo tesoro trae fuori il male» (Mt 12,35).

Ebbene, se è dal cuore che giungono i propositi del male e dell'agire ingiusto, allora è proprio nel cuore che si deve operare la *conversione* per vincere il peccato e ritornare al Signore. Perché il peccato schiavizza, intristisce, opprime, conduce alla miseria dell'anima, ci tiene lontani dall'Amore di Dio. Ma Dio è il buon Padre che ci dona la capacità d'amare attraverso il suo perdono e la sua infinita misericordia.

Conversione, allora, è un *itinerario di fede*, che sfocia nella riconciliazione o "confessione", a partire dall'esperienza dell'amore di Dio. Molti però, Religiose comprese, pongono l'accento sull'elenco dettagliato dei peccati piuttosto che sulla esperienza salvifica dell'Amore di Dio. Perché nel sacramento della riconciliazione ci viene svelata la grandezza dell'Amore che guarisce, come disse Gesù alla peccatrice in casa di Simone il fariseo: «Per questo ti dico: i suoi molti peccati sono perdonati perché ha molto amato. Invece quello a cui si perdona poco, ama poco» (Lc 7,47).

Le lacrime della donna sgorgano da un cuore pentito e straripante d'amore. Ciascuno dovrebbe, allo stesso modo, versare lacrime amare per i tanti tradimenti e le offese recate all'Amore di Gesù, ma dovrebbe anche versare lacrime di riconoscenza per la Grazia di Dio che ci guarisce dalle ferite del nostro insensato peccato.

La santità di Dio è simile a uno specchio: più lo avviciniamo, più evidenzia ogni piccolo nostro difetto. Il perdono è l'Amore che dona se stesso e ripristina quel rapporto di scambio amoroso che solo il cuore può afferrare e comprendere. E fa nascere la gioia di saperci amati e accettati proprio da Dio nostro Creatore e Redentore. Il Signore ci invita a una profonda conversione e noi dobbiamo raccogliere questo invito per chiedere il suo perdono attraverso la sua infinita Misericordia. Non indugiamo nell'intraprendere questo cammino che conduce ad un futuro colmo di speranza, raccogliendo nell'intimo l'invito del Signore: «Va' in pace e d'ora in poi non peccare più!» (Gv 8,11).

4. Il cammino della conversione

La nostra conversione è possibile grazie all'iniziativa d'amore di Dio. Noi ci convertiamo perché Dio è misericordioso. «La conversione a Dio – ha scritto San Giovanni Paolo II nella *Dives in Misericordia* (DM) – consiste sempre nello *scoprire la sua misericordia*, cioè quell'amore che è paziente e benigno... fedele... fino alla croce, alla morte e risurrezione del Figlio» (DM, n. 13). Dio è fedele al suo amore. Per questo il cammino della conversione comincia con l'accettazione riconoscente del dono divino della misericordia.

L'azione di Dio, pertanto, precede e accompagna quella dell'uomo. Prima ancora che divenga realtà nell'anima del cristiano, la conversione è preparata dall'intervento della Santissima Trinità: del Padre che invia il Figlio; del Figlio che rivela il Padre; dello Spirito Santo che apre le porte dei cuori. Nel suo senso più profondo, la *conversione è dono di Dio, opera della Trinità*. Per questo motivo, se noi davvero vogliamo disporci alla conversione, dobbiamo riuscire a stare molto vicini alla Santissima Trinità: al Padre, al Figlio e allo Spirito Santo.

I sacramenti, la preghiera, le opere di carità, un'amicizia costante con il Signore nella Parola e nel Pane eucaristico: è questo il cammino della conversione. Perché «l'autentica conoscenza del Dio della misericordia è una costante e inesauribile fonte di conversione... Coloro che in tal modo arrivano a conoscere Dio, che in tal modo lo "vedono", non possono vivere altrimenti che convertendosi continuamente a lui. Vivono dunque in stato di conversione; ed è questo stato che traccia la più profonda componente del pellegrinaggio di ogni uomo sulla terra in stato di viandante» (DM, n. 13).

La conversione del cuore non è un semplice desiderio di amare Dio, formulato in un dato momento, ma è un habitus, uno stile di vita. La vita cristiana è un continuo cominciare e ricominciare, un rinnovarsi ogni giorno, facendo «frutti degni di conversione» (Mt 3,8).

Diverse sono le esigenze che la conversione comporta per ogni persona, ma si tratta sempre di un moto del cuore che, se è autentico, deve tradursi in fatti quotidiani. Il cammino della conversione non si esaurisce nei sentimenti, ma sfocia nella coerenza di vita: non si tratta solo di evitare il male, ma di fare il bene. Per questo occorre cambiare "dentro", occorre «lacerare il cuore e non le vesti» (Gl 2,13).

5. La conversione del cuore

La conversione del cuore è un totale capovolgimento del modo di pensare, di sentire, di percepire. E' prima di tutto una semplificazione della mente, la quale da contorta diventa genuina, trasparente, chiara: «Più ci avviciniamo a Dio, più ci facciamo semplici» (Santa Teresa di Lisieux).

La conversione del cuore ci fa scoprire che Dio è una fonte inestinguibile e che disseta sempre, perciò l'anima non smette mai di amare Colui che ha creato tutto. La conversione del cuore ci fa innamorare di Dio e ci porta ad una profonda libertà interiore, ad una distensione delle pieghe dell'anima, che irradia serenità nella comunità.

La conversione del cuore ci fa prendere coscienza di essere profondamente amati e liberati da Dio, per essere libertà d'amore in Dio e per Dio. La Quaresima è tempo di conversione del cuore, di trasformazione dello sguardo su Gesù, tempo di affinamento della nostra consacrazione a Lui nella Chiesa.

6. Il dinamismo della conversione

Nel dinamismo della conversione possiamo individuare tre momenti o tre modalità da rispettare e da vivere una alla luce dell'altra: la conversione dello sguardo, il desiderio di Dio, la conversione morale.

6.1. Conversione dello sguardo

Dice Tobia (13,6): «Convertitevi a lui con tutto il cuore e con tutta l'anima... e allora egli *si convertirà a voi* e non vi nasconderà il suo volto». Il volto di Dio *è continuamente "convertito" su di noi;* nel pensarci e nel guardarci ci dà la vita, ci rinnova continuamente il dono della vita.

Dice Dio per bocca di Isaia: «Si dimentica forse una donna del suo bambino, così da non commuoversi per il figlio delle sue viscere? Anche se costoro si dimenticassero, io invece non ti dimenticherò mai. Ecco, sei tatuato sulle palme delle mie mani» (Is 49,15-16). "*Tatuato*": stupendo questo verbo! È difficile cancellare un tatuaggio, soprattutto se disegnato con il fuoco. Prendere coscienza di questo sguardo continuamente posato su di me, non è un esercizio banale o sentimentale, ma fondamentale.

Dobbiamo allora chiederci: *credo all'amore di Dio per me? credo al suo sguardo convertito su di me? influisce sulle scelte della mia giornata questa straordinaria verità?*

6.2. Desiderio di Dio

Dallo sguardo al desiderio: pensiamo a due innamorati che vanno scoprendo la bellezza del loro volto e ognuno lo porta scolpito nel cuore. E ognuno cerca solo di dare gioia all'amato/a.

Ecco la seconda modalità della conversione: il desiderio dell'incontro, accompagnato dal *desiderio di non far nulla che possa offendere Dio,* anzi di far qualcosa di positivo che gli possa piacere. Il desiderio di Dio è espresso da Paolo con pensieri che colpiscono profondamente: «Per me vivere è Cristo, morire è un guadagno» (Fil 1,21); «Voglio solo conoscere Cristo e la potenza della sua risurrezione» (Fil 3,21); «Non son più io che vivo, ma è Cristo che vive in me» (Gal 2,20).

Coltivare il desiderio è fondamentale. «Desiderare Dio è già vedere Dio», diceva san Basilio. E sant'Agostino: «La vita cristiana è la ginnastica del desiderio».

6.3. Conversione morale

Quanto più il desiderio diventa intenso, tanto più si tramuta in gesti concreti, in azioni che non siano mai offensive nei confronti dell'altro. Avviene, di conseguenza, anche il cambiamento morale, l'inversione di rotta. A questo stadio la conversione è motivata dal desiderio di essere sempre in comunione con Dio, da cui ci si sente amati.

Insieme al desiderio di fare il bene e di evitare il male, si sente la forza di non far nulla che possa offendere Dio nel fratello. E se si manca, ecco il *laceramento del cuore*, la *coscienza viva del peccato* e il desiderio di continuare ad essere nell'*abbraccio misericordioso del Padre*.

7. Conversione e consacrazione

Abbracciare la vita religiosa significa abbracciare un cammino di conversione del cuore che durerà tanto quanto tutta l'esistenza. Si tratta di un lento lungo cammino che conoscerà tutte le asprezze del deserto, tutta la miseria del cuore umano e, soprattutto, le meravigliose e impensabili risorse della Grazia. Vivere la vita religiosa, in questo tipico atteggiamento di conversione, vuol dire comprendere che il cuore dell'uomo resta l'immutabile campo di battaglia fra la luce e le tenebre, fra l'amore e il peccato.

Il centro perenne dell'equilibrio di noi consacrati va ricercato nel nostro donarci ad un mistero di conversione e di redenzione che, per poter raggiungere efficacemente gli altri, deve prima gettare profonde radici in noi stessi. Se è vero, come è vero, che «dal cuore degli uomini escono le cattive intenzioni» (Mc 7,21), noi consacrati dobbiamo saperci chinare in ascolto del nostro cuore capace di tanto male: «prostituzioni, furti, omicidi, adultèri, cupidigie, malvagità, invidia, superbia» (Mc 7,22).

Dobbiamo avvertire i diversi palpiti che si agitano in noi, compresi i germi indistruttibili di santità che attendono di essere sottratti alle spine delle preoccupazioni terrene, per crescere fino alla misura di Cristo Gesù. Perché il Regno di Dio è dentro di noi! (cfr. Lc 17,21). Per questo noi consacrati siamo chiamati a diventare sempre più *uomini e donne dell'interiorità e del silenzio*, incamminati nelle vie misteriose dello spirito, protesi nell'ascolto di una Voce che ha determinato tutta la nostra esistenza.

«Ascolterò che cosa dice Dio: il Signore annunzia la pace per il suo popolo, per i suoi fedeli, per chi ritorna a lui con tutto il cuore» (Sal 84,9). Con la consacrazione noi ci siamo allontanati dal brusìo della folla, per meglio ascoltare quella Voce che parla di pace al nostro cuore, per poter creare in noi stessi le condizioni ideali dell'ascolto, non tanto nella fuga dai rumori esterni quanto piuttosto nella ricerca di un silenzio interiore, dove limpida può risuonare la Parola del Vangelo.

L'opera della propria conversione è lunga e difficile; è soggetta ai dinamismi impazienti di un'azione disordinata e alle stasi stagnanti dello scoraggiamento, s'imbatte in false segnaletiche circondate apparentemente di luce ma il cui termine è nelle tenebre, conosce il morso dell'egoismo e le inquietudini del cuore umano. Ma scoprirà con gratitudine sconfinata che i miti, i pacifici, i puri di cuore già qui sulla terra *vedono Dio* e sperimentano il paradiso nella grazia del cuore.

E allora la nostra interiore pace si diffonderà come una benedizione invisibile sul mondo. E saremo luce che splende nelle tenebre del mondo, Vangelo di gioia e di grazia per quanti incontriamo sul nostro cammino, testimoniando a tutti la verità del Sal 116: «Ritorna, anima mia, alla tua pace, poiché il Signore ti ha beneficato».

Saremo anche noi come Maria, la Donna che ha accolto nel silenzio il Verbo divino e nel silenzio lo ha custodito durante tutta la vita, così come ora custodisce nel suo cuore, abisso insondabile di Santità, tutti noi con ineffabile Amore e ci conduce alla pace contemplativa dell'incontro con Dio: in unione con Cristo, nello Spirito Santo, a gloria di Dio Padre. Amen.

Per la riflessione personale e comunitaria

1. Mi sento davvero e in profondità conosciuta da Dio? Che idea ho di Dio: giudice, vendicatore, sposo, amico…?

2. Cosa vuol dire per me "ritornare al Signore"? E per la mia Comunità? Cosa impedisce a me personalmente e alla mia Comunità una vera profonda e radicale conversione?

3. Sono consapevole che la conversione sia uno *stile di vita,* un habitus permanente?

4. Come vivo il *desiderio di Dio*? Sono una donna dal cuore "pacificato"? Trasmetto pace e serenità in Comunità?

VII
LA SAMARITANA DONNA DI VANGELO
...per una evangelizzazione intergentes

In questa ultima meditazione ci soffermiamo sulla conclusione del racconto giovanneo, che vede la donna farsi testimone del Vangelo di Gesù fra quei suoi concittadini che prima cercava di evitare. Partiremo dal racconto evangelico, filo rosso delle nostre meditazioni, provando ad avanzare alcune riflessioni sul significato e l'impegno dell'evangelizzazione.

1. Svelamento e stupore

> «Gli rispose la donna: "So che deve venire il Messia (cioè il Cristo): quando egli verrà, ci annunzierà ogni cosa". Le disse Gesù: "Sono io, che ti parlo"» (Gv 4,25-26).

1.1. Verso nuovi orizzonti

È di Gesù l'ultima battuta del dialogo con la donna. E non vi sono repliche; ormai tutto di tutti e due è stato svelato. La donna di Samaria, proprio lei, è la prima in tutto il vangelo di Giovanni alla quale viene rivelato l'*Io Sono* di Gesù il Cristo. E questa è l'ultima parola di Gesù alla donna e a quanti, come lei, si mettono a nudo davanti al Signore accogliendo il suo dono, cioè il suo essere nostro Salvatore.

Ora la donna compie due gesti: lascia al pozzo la brocca vuota e corre in città: l'annuncio che aspettava è a lei arrivato e non può più tenerlo per sé, perché il Vangelo è il Racconto di Vita da condividere a annunciare a tutti. «Ciò che importa al Cristo non è il nostro passato, ma ciò che noi possiamo divenire sotto l'azione della Grazia. Egli fa credito a tutti per il domani, che è il giorno della salvezza. Il passato lo si redime nella fedeltà a Colui che ci fa nuova creatura» (P. Mazzolari).

La donna di Samaria ha interrogato Gesù sull'acqua viva, e gliel'ha chiesto. Poi *risponde con autenticità*, dicendo la verità su di sé e svelandosi nel suo inappagato amore, fino a manifestare una fede nascosta sotto la cenere di un morale smarrimento.
«Da quel momento la mia ignoranza
si è chiusa alle mie spalle
come una porta
dalla quale sei entrato
svelando ciò che non sapevo.
E tanta gente in silenzio
Tu hai fatto passare attraverso di me.
E tante vie lontane» (K. Wojtyla).

1.2. Raccontare...

> «La donna intanto lasciò la brocca, andò in città e disse alla gente: "«Venite a vedere un uomo che mi ha detto tutto quello che ho fatto. Che sia forse il Messia?". Uscirono allora dalla città e andavano da lui... "Noi stessi abbiamo udito e sappiamo che questi è veramente il Salvatore del mondo"» (Gv 4,28-42).

La donna era venuta ad attingere acqua, ma era il suo cuore ad avere sete e ora è colmo di gioia... ha trovato la Fonte stessa dell'acqua viva. Non ha più bisogno di bere altra acqua. E lascia presso il pozzo la *brocca vuota*, simbolo del suo arido passato. Geremia, infatti, scriveva: «Il Signore è fonte d'acqua viva e non cisterna screpolata» (Ger 2,13).

Come gli antichi racconti nuziali presso il pozzo, in cui la futura sposa corre a casa ad annunciare ai suoi di aver incontrato un uomo, anche la donna di Samaria «*andò in città e disse alla gente...*». Non corre verso casa ma nella sua città, non va dai suoi familiari ma dalla sua gente. Era andata ad attingere acqua all'ora sesta per evitare ogni possibile incontro... e ora va incontro ai suoi concittadini per raccontare senza vergogna di «*un uomo che mi ha detto tutto quello che ho fatto*».

«La Samaritana sa di essere una povera creatura per niente raccomandabile agli occhi dei suoi, quindi si guarda dal ripetere loro le grandi parole che le erano state rivelate dal Cristo. Ma se una cosa può testimoniare, è appunto la rivelazione della sua vita poco edificante: "*mi ha detto tutto quello che ho fatto*". Si umilia nel portare il messaggio, confessa senza falsi pudori, acquistandosi il diritto di essere creduta» (P. Mazzolari). E diventa la prima testimone del Vangelo nella sua terra, comunicando non idee ma la sua esperienza, parlando non di dottrine ma del suo vissuto.

1.3. Condividere...

«*Venite a vedere... che sia forse il Messia?*»: l'annuncio della donna è posto in forma di domanda. Ella non si pone verso la sua gente in atteggiamento dommatico e dottorale, ma fa leva su una sua esperienza personale. La donna non intende farsi maestra della sua gente, ma desidera che tutti arrivino come lei a fare la sua stessa esperienza di vita nell'incontro con Gesù. Afferrata da stupore e meraviglia nell'incontro con Gesù, ne annuncia il Vangelo contagiando il suo stupore ai suoi concittadini.

«*Venite a vedere un uomo che mi ha detto tutto quello che ho fatto*»: questa conoscenza non umilia. Piuttosto è una stupenda consolazione conoscere di essere conosciuti con amore accogliente perdonante rigenerante. In Gesù è vinta ogni paura, in Gesù "si vede Dio", Gesù è il cuore che ridà cuore alla conoscenza di noi stessi.

2. L'appello dell'evangelizzazione

Al punto 1 della Nota pastorale della CEI, *Comunicare il Vangelo in un mondo che cambia*, si legge: «L'appello all'evangelizzazione ci tocca da vicino. *Comunicare il Vangelo in un mondo che cambia* è, infatti, *la questione cruciale della Chiesa in Italia oggi*. L'impegno che nasce dal comando del Signore: "Andate e rendete discepoli tutti i popoli" (Mt 28,19), è quello di sempre. Ma in un'epoca di cambiamento come la nostra diventa nuovo. Da esso dipendono il volto del cristianesimo nel futuro, come pure il futuro della nostra società... Nella vita delle nostre comunità deve esserci un solo desiderio: che tutti conoscano Cristo, che lo scoprano per la prima volta o lo riscoprano se ne hanno perduto memoria; per fare esperienza del suo amore nella fraternità dei discepoli. Una pastorale tesa unicamente alla conservazione della fede e alla cura della comunità cristiana non basta più. È necessaria *una pastorale missionaria*, che... è anche *pastorale della santità*, da proporre a tutti come ordinaria e alta missione della vita».

2.1. In fraternità

Se la pastorale missionaria è pastorale della santità, questa scaturisce dall'incontro con il Vangelo di Gesù, quale appello a stare e camminare in comunione con Cristo per nascere alla responsabilità della missione. Chi si pone alla sequela di Gesù deve nascere alla *responsabilità dell'annuncio testimoniale* e alla gioia della *comunione nella condivisione*. Nessuno può seguire il Signore per conto suo! Si va dietro a Cristo come fratelli, insieme, perché l'evangelizzazione è un'*opera di Chiesa*, una *fraterna comunione per la missione*.

L'esperienza dei primi discepoli ci invita a *nascere alla corresponsabilità comunitaria e missionaria*. Si tratta di un appello e un compito a condividere il dono ricevuto, di un dovere di annunciare la gioia esperita, facendoci compagni di viaggio dei nostri contemporanei, senza paura di "perdere tempo" per condurli a Cristo e pronti sempre a favorire e mai ad ostacolare tale incontro. Si tratta di un cammino che va fatto *insieme,* imparando a declinare il *noi* a modello della Trinità, perché «da questo tutti sapranno che siete miei discepoli: se avrete amore gli uni per gli altri» (Gv 13,34).

2.2. Il Vangelo intergentes

L'esordio della missione evangelizzatrice di Gesù, secondo Luca, si ha nella sinagoga di Nazareth con il manifesto programmatico che Gesù fa suo attinto al rotolo del profeta Isaia: «Lo Spirito del Signore è sopra di me; per questo mi ha consacrato con l'unzione, e mi ha mandato per annunziare ai poveri un lieto messaggio...» (Lc 4,18-21).

In Gesù Cristo si manifesta il volto di Dio misericordioso e compassionevole. San Giovanni Paolo II nella *Redemptoris missio* (RM) ha scritto: «In questa Parola definitiva della sua rivelazione, Dio si è fatto conoscere nel modo più pieno: Egli ha detto all'umanità chi è. E questa autorivelazione definitiva di Dio è il motivo fondamentale per cui la Chiesa è per sua natura missionaria» (RM, 5).

Questo è il mandato consegnatoci da Gesù: «Andate dunque e ammaestrate tutte le nazioni, battezzandole nel nome del Padre e del Figlio e dello Spirito santo, insegnando loro ad osservare tutto ciò che vi ho comandato. Ecco, io sono con voi tutti i giorni, fino alla fine del mondo» (Mt 28,9-10).

«Il compito fondamentale della Chiesa di tutte le epoche, e in modo particolare della nostra, è di dirigere lo sguardo dell'uomo, di indirizzare la coscienza e l'esperienza di tutta l'umanità verso il mistero di Cristo... La missione universale della Chiesa nasce dalla fede in Gesù Cristo... Soltanto nella fede si comprende e si fonda la missione» (RM, 4).

Il Vangelo rifiuta di presentarsi come un semplice sostegno di quei valori che l'uomo identifica da solo, o perché li scorge nelle proprie evidenze interiori, o perché li scorge nelle necessità della convenienza sociale. La forza e il fascino del Vangelo non stanno semplicemente nella sua capacità di fondare quei valori che l'uomo via via identifica come necessari, ma nella sua sorprendente capacità di superarli compiendoli.

È questa la carta principale di cui il Vangelo oggi – come sempre – dispone per vincere l'incredulità e superare, sovvertendola, la stessa domanda religiosa dell'uomo. Per questo è necessaria non solo una *missio ad gentes* ma una *missio intergentes*, o "nuova evangelizzazione", rivolta a quei «gruppi di battezzati che hanno perduto il senso vivo della fede, o addirittura non si riconoscono più come membri della Chiesa, conducendo un'esistenza lontana da Cristo e dal suo Vangelo» (RM, 33).

È questa situazione quella più urgente e a noi più vicina, anche perché – come recita la RM al n. 34 – le nostre comunità «non possono essere missionarie verso i non cristiani di altri Paesi e Continenti, se non si preoccupano seriamente dei non cristiani in casa propria». È pertanto urgente e necessario "uscire dai conventi", per proclamare e testimoniare il Vangelo nell'aeropago del mondo, delle strade e delle famiglie. È tempo di essere seriamente *sale* che brucia, *luce* che illumina, *lievito* che fermenta la massa e la orienta a Cristo, ricordando che la prima e insostituibile forma di evangelizzazione è la *testimonianza*, non solo individuale ma – soprattutto – comunitaria.

«La testimonianza evangelica, a cui il mondo è più sensibile è quella dell'attenzione per le persone e della carità verso i poveri ed i piccoli, verso chi soffre, in atteggiamento di gratuità... Anche l'impegno per la pace, la giustizia, i diritti dell'uomo, la promozione umana è una testimonianza del Vangelo, se è segno di attenzione per le persone ed è ordinato allo sviluppo integrale» (RM, 42).

Tuttavia, recita la "Redemptoris missio", «la missione della Chiesa... consiste essenzialmente nell'offrire ai popoli non un avere di più, ma un *essere di più*, risvegliando le coscienze col Vangelo, perché uno sviluppo senza anima non può bastare all'uomo, e l'eccesso di opulenza gli è nocivo come l'eccesso di povertà» (RM, 59). Tutto questo richiede la capacità di un esame di coscienza a livello personale e comunitario, per correggere nei propri comportamenti quanto è anti-evangelico e sfigura il volto di Cristo.

2.3. Sulla strada

Vangelo è il rivoluzionario paradosso del *Deus descensus,* di Cristo Gesù «che non ha considerato un tesoro geloso la sua uguaglianza con Dio, ma ha spogliato se stesso, assumendo la condizione di servo e divenendo simile a noi. Apparso in forma umana, umiliò se stesso facendosi obbediente fino alla morte e alla morte di croce. Per questo Dio lo ha esaltato e gli ha dato un nome che è al di sopra di ogni altro nome. Perché nel nome di Gesù ogni ginocchio si pieghi nei cieli, in terra e sotto terra» (Fil 2,6-11).

Questa lieta, sconvolgente e paradossale Notizia è *Vangelo in cammino*, perché Gesù è il pellegrino del Vangelo! Nei "racconti di un pellegrino russo" si legge: «Per grazia di Dio sono uomo e cristiano, per azioni mie un grande peccatore, per vocazione sono come Gesù: pellegrino della specie più misera, errante di luogo in luogo. I miei beni terrestri sono una bisaccia sul dorso, con un po' di pane secco e nella tasca interna della camicia la Sacra Bibbia». Un po' di pane secco e la Bibbia. Null'altro!

Ecco: l'evangelizzazione è la grande strada che ogni discepolo di Gesù deve percorrere con un po' di *pane secco*, sposando sorella povertà, e con la *Bibbia*, cioè la Parola viva e vivente che dà senso alla vita. Per questo il Vangelo è una grande strada senza confini. E lungo la strada Gesù rifiuta la sua sequela a uomini dall'entusiasmo facile (Lc 9,57-58), a uomini incapaci di decidersi aspettando tempi migliori (Lc 9,59), a uomini legati a troppi affetti (Lc 9,62). Lungo la strada Gesù si concede delle soste per pregare, per rinfrancarsi in casa di amici antichi (Marta e Maria) o appena conosciuti (Zaccheo). E «passava per città e villaggi, insegnando, mentre camminava verso Gerusalemme» (Lc 13,22).

La strada, dunque, assume un aspetto ecclesiale: prefigura il cammino della Chiesa, la vita del discepolo evangelizzatore nel mondo, facendo *attenzione ai poveri, agli ultimi, alle piccole cose.* Preghiera e missione, *contemplazione ed evangelizzazione* sono i binari su cui si muove il cammino di ogni discepolo di Gesù che crede e vive sul serio il Vangelo… sulle orme di Gesù. Per questo il discepolo rinnega se stesso, prende la croce ogni giorno, perde la propria vita (Lc 9,23-24; 14,27), si fa il più piccolo di tutti (Lc 9,48), sceglie la porta stretta (Lc 13,24), rinuncia a tutti i propri beni (Lc 14,33), vende tutto quello che ha e lo dà ai poveri (Lc 18,22). Perché a nulla giova guadagnare il mondo intero, se poi si perde la propria anima (Lc 9,25).

Gesù è stato fedele alla fedeltà del Padre, non si è tirato indietro dinanzi al rifiuto, all'insuccesso, all'incomprensione e alla croce. Il discepolo evangelizzatore, che intende porsi alla sequela di Gesù sulle strade della storia, deve imparare a camminare con radicalità, serietà, gioia. Solo così può fare esperienza dell'*oggi della salvezza* nella Gerusalemme della vita. Solo *vedendo* un tale testimone del Vangelo la gente può esclamare con stupore: «Oggi abbiamo visto cose meravigliose» (Lc 5,26). E finanche ai ladroni e ai briganti di questo mondo, a noi ladroni e malfattori, Gesù potrà dire: «Oggi sarai con me in paradiso» (Lc 23,43).

Rimbocchiamoci dunque le maniche, perché «Dio sta preparando una grande primavera cristiana... La speranza cristiana ci sostiene nell'impegnarci a fondo per la nuova evangelizzazione e per la missione universale, facendoci pregare come Gesù ci ha insegnato: "Venga il tuo regno, sia fatta la tua volontà come in cielo così in terra"» (RM, 86). Sforziamoci di essere dei contemplativi itineranti nelle strade della vita e del mondo, testimoniando la perenne novità del Vangelo in una profonda dimensione di gioia interiore che viene dalla fede!

2.4. La debolezza del Vangelo

Anche la missione di evangelizzare deve avere oggi come sua caratteristica originale la *debolezza.* Può sembrare paradossale, ma solo una evangelizzazione che ha il coraggio di fare i conti con la debolezza evangelica può essere convincente, perché vera. Alla Samaritana Gesù si presenta dimesso e debole, tanto che questa donna può entrare in relazione con Lui senza sentirsi in imbarazzo né in inferiorità. Certamente se avesse saputo fin dall'inizio che l'uomo che le stava parlando era il Messia, non avrebbe osato avvicinarsi a Lui né parlargli; ma quel viandante così disarmato e così "alla mano" poteva essere uno con cui fermarsi, dialogare, fare amicizia.

Chi è seriamente desideroso di dare risposta alla sete del cuore dei propri fratelli non può che imparare da questo incontro al pozzo di Sicàr. Deve però aver sperimentato la sua "ora sesta"; deve ritrovare il coraggio di chiedere, di dire alle Samaritane del nostro tempo: "ho sete"!; deve anche saper porre davanti al Signore ogni giorno la sua sete e prendere Lui come riferimento della propria vita. Ripartire dalla debolezza dell'Uomo del pozzo di Sicar per essere evangelizzatori contesta ogni nostro desiderio di affermazione e di immagine; ogni forma di evangelizzazione che parta da noi e dalle nostre iniziative.

Solo il quotidiano e sollecito ascolto della sete dei nostri fratelli e la decisione di prendercela a cuore, può renderci evangelizzatori veri e credibili. Evangelizzare non è propagandare una religione, ma essere disponibili a vivere ciò che è originale dell'esperienza cristiana: il *Vangelo della Carità*. Consapevoli che l'*amore è debolezza*! Scrivendo una lettera ad «un caro prete di campagna», don Mazzolari parlava di un "lontano" e diceva: «Tu lo vedi indifferente, ferrigno, lontano; io non ho occhio né per le distanze, né per le durezze: ho bisogno di andargli incontro anche se di mezzo c'è il deserto. Non lo guarirò, ma lo amo. Il miracolo non è la guarigione, è l'amore».

Non c'è distanza per chi non ha nulla da perdere; per chi non ha nel cuore altro che il desiderio di farsi vicino al fratello: questo è miracolo! E *questi* miracoli sono un modo per "dire il Vangelo", sono una forma di evangelizzazione per il nostro tempo. Se invece dall'impegno di evangelizzazione ci aspettiamo un ritorno, se lo viviamo attenti ai risultati, forse di questo miracolo non potremo essere testimoni; a noi sarà impossibile vederlo. Vivere la debolezza del Vangelo con libertà e senza attese rende disponibili anche a ricevere e imparare dagli altri.

3. Credenti credibili

«Ora, come potranno invocarlo senza aver prima creduto in lui? E come potranno credere, senza averne sentito parlare? E come potranno sentirne parlare senza uno che lo annunzi? E come lo annunzieranno, senza essere prima inviati? Come sta scritto: Quanto sono belli i piedi di coloro che recano un lieto annunzio di bene!» (Rm 10,14-15).

Il "miracolo" della donna di Samaria sta nell'aver "convinto" sulla sua pelle i suoi concittadini ad «*uscire dalla città per andare da Lui*» (Gv 4,30). Ma la "gloria" della donna di Samaria sta nel *coraggio dell'umiltà di farsi solo "ponte"* fra la città e il Vangelo. Il resto non importa più... Perché non vi è evangelizzazione che possa risultare efficace se non approda all'incontro personale con Cristo.

I concittadini della donna, richiamati da lei verso Gesù dalla sua "esperienza di conoscenza", alla fine quasi la disconoscono: «Non è più per la tua parola che noi crediamo; ma perché noi stessi abbiamo udito e sappiamo...». Senza di lei, tuttavia, i samaritani non avrebbero incontrato conosciuto creduto... E la donna, come ogni vero apostolo, sa vivere la *grazia di saper scomparire.*

«Ciò che era fin da principio, ciò che noi abbiamo udito, ciò che noi abbiamo veduto con i nostri occhi, ciò che noi abbiamo contemplato e ciò che le nostre mani hanno toccato, ossia il Verbo della vita... noi lo annunziamo anche a voi, perché anche voi siate in comunione con noi» (1Gv 1,1-3).

Quello che Giovanni scrive nella sua prima Lettera è proprio quanto è già accaduto a questa donna di Samaria e alla sua "eretica" gente. I discepoli, come la donna e la gente di Samaria, hanno udito visto toccato il Verbo della vita. E questo evento si è trasformato in fraterna comunione e condivisione di esperienza "cristiana", in testimonianza credente e credibile del Vangelo. Senza un'*autentica esperienza di fede* nessuno di noi può essere "via", per suscitare lo stupore del Vangelo e la fede e l'amore nei fratelli, così da introdurli nell'intimità con Dio.

Possiamo tutti insieme, con la testimonianza della nostra vita consacrata, tornare ad inventare nell'oggi la radicale e fascinosa contestazione del Vangelo. Ci aiuti Maria SS.ma, la Donna che ha dato carne alla Parola, ad essere sempre più credenti appassionati, d'acqua viva assetati, di divina Volontà sfamati, cuori al Cuore consegnati, labbra di Vangelo inebriate... Amen!

Per la riflessione personale e comunitaria

1. Come viviamo (io-noi) il rapporto con la Parola di Dio? Cosa mi e ci manca per essere "trasparenza di Vangelo"?

2. Possiamo dire agli altri "Venite a vedere..." avendo davvero "Qualcuno" e "qualcosa" da mostrare?

3. Pastorale missionaria-pastorale di santità: siamo (io-noi) *testimoni credenti e credibili del* Vangelo? Cosa dobbiamo ancora fare? Cosa vuol dire (per me-per noi) "uscire dal convento" per vivere la "nuova evangelizzazione"?

INDICE

Printed by Books on Demand GmbH, Norderstedt / Germany